DR. OETKER

MODE KUCHEN

BLITZ SCHNELL

RITTER-RUM-TORTE, RENNSCHNECKEN, PRITZELKUCHEN, RATZ-FATZ-ROLLE

DR. OETKER

MODE KUCHEN

BLITZ SCHNELL

RITTER-RUM-TORTE, RENNSCHNECKEN, PRITZELKUCHEN, RATZ-FATZ-ROLLE

Dr. Oetker Verlag

Electrique Brillié

Für die Fans der Modetorten und Modekuchen gibt es jetzt neue und flotte Torten, Kuchen und noch vieles mehr. Blitzschnelle Rezepte, die in weniger als einer Stunde zubereitet und gebacken sind, werden Sie und Ihre Gäste im Handumdrehen begeistern.

Sparen Sie Zeit mit Blätterteig aus dem Gefrierfach, mit raffinierten Backmischungsvariationen und mit kalten Torten. Bereiten Sie Klassiker sowie neue Torten- und Kuchenideen in Windeseile zu oder machen Sie es sich einfacher mit Schüttel-, Tassen- und Becherkuchen. Für die Liebhaber der kleinen, aber feinen Genüsse haben wir eine Auswahl an Törtchen, Muffins und anderem Kleingebäck zusammengestellt. Mit „Modekuchen blitzschnell" haben Sie eine Vielfalt an Rezepten für jeden Anlass. Ob Kaffeenachmittag, Kindergeburtstag oder spontaner Besuch – nach diesen Rezepten wird man Sie fragen.

Abkürzungen

EL	= Esslöffel
TL	= Teelöffel
Msp.	= Messerspitze
Pck.	= Packung/Päckchen
g	= Gramm
kg	= Kilogramm
ml	= Milliliter
l	= Liter
evtl.	= eventuell
geh.	= gehäuft
gestr.	= gestrichen
TK	= Tiefkühlprodukt
°C	= Grad Celsius
Ø	= Durchmesser
E	= Eiweiß
F	= Fett
Kh	= Kohlenhydrate
kcal	= Kilokalorien
kJ	= Kilojoule

Hinweise zu den Rezepten

Lesen Sie bitte vor der Zubereitung – besser noch vor dem Einkaufen – das Rezept einmal vollständig durch. Oft werden Arbeitsabläufe oder Zusammenhänge dann klarer.

Bitte beachten Sie bei der Einstellung des Backofens die Grebrauchsanweisung des Herstellers und machen Sie nach Beendigung der angegebenen Backzeit eine Garprobe.

Aufgetaute und wieder eingefrorene Eiscreme können Sie nicht noch einmal einfrieren und sollten Sie möglichst innerhalb eines Tages verwenden.

Zubereitungszeiten

Die Zubereitungszeit beinhaltet nur die Zeit für die eigentliche Zubereitung, die Backzeiten sind gesondert ausgewiesen. Längere Wartezeiten wie z. B. Kühlzeiten sind ebenfalls nicht einbezogen.

Kapitelübersicht

Kapitelübersicht

Sparen Sie sich lange Vorbereitungen mit Teigen aus Kühlschrank und Gefrierfach.

Schnelles aus der Kälte

Erdbeer-Joghurtriegel-Torte

Zubereitungszeit: 30 Min., ohne Kühlzeit
Backzeit: 10–12 Min. pro Backblech

Insgesamt:
E: 35 g, F: 244 g, Kh: 316 g, kJ: 15668, kcal: 3746

Für die Füllung:
- **400 ml Schlagsahne**
- **200 g Erdbeer-Joghurt-Schokoriegel**
- **250 g frische Erdbeeren**
- **2 Pck. Sahnesteif**
- **150 g Naturjoghurt**
- **30 g weiße Schokolade**

Für die Böden:
- **300 g TK-Blätterteig**

1 Für die Füllung Sahne in einem Topf zum Kochen bringen. Schokoriegel (3 Stück zum Verzieren zurücklassen und in den Kühlschrank legen) hacken und in der Sahne unter Rühren auflösen. Die Masse in eine Rührschüssel füllen und über Nacht kalt stellen.

2 Für die Böden die Blätterteigplatten zugedeckt nebeneinander auftauen lassen. Die Platten aufeinander legen und ausrollen. 2 Böden (Ø 24 cm) ausschneiden, auf ein mit Backpapier belegtes Backblech legen und mehrmals mit einer Gabel einstechen.

3 Restlichen Teig zusammenlegen (nicht verkneten), zu einer runden Platte (Ø 20 cm) ausrollen und in 10 Tortenstücke schneiden. Stücke ebenfalls auf ein mit Backpapier belegtes Backblech legen und mehrmals mit einer Gabel einstechen.

Ober-/Unterhitze: etwa 220 °C (vorgeheizt)
Heißluft: etwa 200 °C (vorgeheizt)
Gas: Stufe 4–5 (vorgeheizt)
Backzeit: 10–12 Min. pro Backblech

(Fortsetzung Seite 10)

4 Böden und Tortenstücke auf einem Kuchenrost erkalten lassen. Erdbeeren waschen, putzen und halbieren.

5 Einen Blätterteigboden auf eine Tortenplatte legen. Die erkaltete Schokosahne mit Sahnesteif mit Handrührgerät mit Rührbesen steif schlagen, Joghurt kurz unterrühren.

6 Die Hälfte der Masse auf dem Blätterteigboden verstreichen, mit 2/3 der Erdbeeren belegen, dabei die Früchte leicht in die Sahne drücken. Zweiten Boden auflegen, vorsichtig andrücken, restliche Sahnemasse auf den Boden streichen, restliche Erdbeeren an den Rand des Bodens auf die Sahne legen. Torte etwa 1 Stunde kalt stellen.

7 Die drei Riegel aus dem Kühlschrank fein hacken. Weiße Schokolade in einem kleinen Topf im Wasserbad bei kleiner Hitze geschmeidig rühren, über die „Mini-Tortenstücke" sprenkeln und sofort mit den gehackten Riegeln bestreuen. Fest werden lassen und die Torte mit den Tortenstücken belegen.

Preiselbeertorte "Linzer Art"

Zubereitungszeit: 20 Min.
Backzeit: etwa 30 Min.

Insgesamt:
E: 31 g, F: 94 g, Kh: 311 g, kJ: 9353, kcal: 2231

Für den Teig:
- **1 Pck. (400 g) Mürbeteig aus dem Kühlregal (z. B. von Sanella)**

Für die Füllung:
- **1 Glas (210 g) Wildpreiselbeeren**
- **1 gestr. TL gemahlener Zimt**

Zum Bestreichen:
- **1 EL Milch**
- **1 Eigelb**

1 Die Hälfte des Teiges zu einer Kugel formen und auf dem gefetteten Boden einer Springform (Ø 26 cm) ausrollen. Springformrand darumlegen.

2 Die andere Hälfte des Teiges ebenfalls zu einer Platte (Ø 26 cm) ausrollen und mit einem Teigrädchen (mit Wellen) 15–20 Streifen für den Rand und das Teiggitter daraus rädern.

3 Wildpreiselbeeren mit Zimt mischen, auf den Boden geben und glatt streichen, dabei 1 cm am Rand frei lassen.

4 Teigstreifen an den Springformrand legen und gitterförmig auf dem Kuchen verteilen. Milch und Eigelb verquirlen und die Teigstreifen damit bestreichen. Die Springform auf dem Rost in den Backofen schieben.

Ober-/Unterhitze: etwa 200 °C (vorgeheizt)
Heißluft: etwa 180 °C (vorgeheizt)
Gas: Stufe 3–4 (vorgeheizt)
Backzeit: etwa 30 Min.

Variante:
Sie können auch selbst einen Mürbeteig (Knetteig) zubereiten. Dazu 200 g Weizenmehl in eine Rührschüssel sieben, 50 g Zucker, 1 Päckchen Vanillin-Zucker und 150 g Butter oder Margarine hinzugeben und mit Handrührgerät mit Knethaken zunächst auf niedrigster, dann auf höchster Stufe gut durcharbeiten. Den Teig auf einer bemehlten Arbeitsfläche zu einem glatten Teig verkneten. Sollte der Teig kleben, ihn in Folie gewickelt 20–30 Minuten kalt stellen und dann wie oben angegeben weiterverarbeiten und backen.

Prasseltorte

Zubereitungszeit: 25 Min., ohne Kühlzeit
Backzeit: etwa 15 Min. pro Backblech

Insgesamt:
E: 67 g, F: 244 g, Kh: 489 g, kJ: 19085, kcal: 4562

Für die Böden:

- **300 g TK-Blätterteig**
- **1 Ei (Größe M)**
- **1 EL Milch**

Für die Streusel:

- **225 g Weizenmehl**
- **75 g gesiebter Puderzucker**
- **1 Pck. Vanillin-Zucker**
- **150 g Butter oder Margarine**
- **50 g abgezogene, gemahlene Mandeln**

Für die Füllung:

- **400 ml Schlagsahne**
- **2 Pck. Sahnesteif**
- **2 Pck. Vanillin-Zucker**
- **6 EL Heidelbeerkonfitüre**

Zum Bestäuben:

- **Puderzucker**

1 Blätterteigplatten zugedeckt nebeneinander bei Zimmertemperatur auftauen lassen. Die Platten aufeinander legen und auf der leicht bemehlten Arbeitsfläche quadratisch ausrollen. Das Quadrat vierteln, jedes Viertel auf der leicht bemehlten Arbeitsfläche 22 x 22 cm ausrollen und je eine runde Platte (Ø 22 cm) daraus schneiden. Die 4 runden Platten auf gefettete, mit Wasser besprenkelte Backbleche legen, Ei mit Milch verquirlen und die Platten damit bestreichen.

2 Für die Streusel Mehl in eine Rührschüssel sieben. Restliche Zutaten hinzugeben und mit Handrührgerät mit Knethaken zunächst auf niedrigster, dann auf höchster Stufe zu feinen Streuseln verarbeiten. Streusel gleichmäßig auf die Blätterteigplatten streuen und leicht andrücken. Backbleche nacheinander (bei Heißluft zusammen) in den Backofen schieben.

Ober-/Unterhitze: etwa 200 °C (vorgeheizt)
Heißluft: etwa 180 °C (vorgeheizt)
Gas: Stufe 3–4 (vorgeheizt)
Backzeit: etwa 15 Min. pro Backblech

3 Für die Füllung Sahne mit Sahnesteif und Vanillin-Zucker steif schlagen. Jeweils 2 Esslöffel Konfitüre vorsichtig auf 3 der Böden verteilen, dabei 2 cm Rand frei lassen. Ersten Boden mit Konfitüre auf eine Tortenplatte legen, 1/3 der Sahne darauf glatt streichen. Zweiten Boden mit Konfitüre darauf legen, vorsichtig andrücken und die Hälfte der restlichen Sahne darauf verteilen. Dritten Boden mit Konfitüre auflegen, leicht andrücken und restliche Sahne darauf verstreichen. Vierten Boden auflegen und leicht andrücken. Kalt stellen.

4 Torte vor dem Servieren mit Puderzucker bestäuben.

Tipp:
Die Torte lässt sich am besten mit einem elektrischen Messer schneiden. Geben Sie 1/2 Teelöffel gemahlenen Zimt in die Streusel und verwenden Sie statt Heidelbeerkonfitüre Pflaumenmus.

Früchtepizza

Zubereitungszeit: 25 Min.
Backzeit: etwa 25 Min.

Insgesamt:
E: 26 g, F: 7 g, Kh: 242 g,
kJ: 4921, kcal: 1176

- **1 Pizzaboden aus dem Kühlregal (Ø etwa 32 cm, etwa 230 g)**

Für den Belag:

- **250 g frische Pfirsiche**
- **250 g frische Aprikosen**
- **250 g frische Erdbeeren**
- **150 g Erdbeerkonfitüre**

1 Den ausgerollten Pizzaboden auf ein gefettetes, evtl. mit Backpapier belegtes Backblech legen.

2 Für den Belag Pfirsiche und Aprikosen waschen, halbieren, entsteinen und in Spalten schneiden. Erdbeeren waschen, abtropfen lassen, entstielen und halbieren.

3 Die Konfitüre durch ein Sieb streichen und auf dem Boden verteilen, 1 cm Rand dabei frei lassen. Den Boden mit den Pfirsichen und Aprikosen belegen. Das Backblech in den Backofen schieben und die Pizza goldgelb backen.

Ober-/Unterhitze:
etwa 200 °C (vorgeheizt)
Heißluft: etwa 180 °C (vorgeheizt)
Gas: Stufe 3–4 (vorgeheizt)
Backzeit: etwa 25 Min.

4 Die Pizza vor dem Servieren mit den Erdbeerhälften belegen.

Tipp:
Servieren Sie dazu steif geschlagene Sahne.
Sie können auch Pfirsiche und Aprikosen aus der Dose nehmen.
Raffiniert schmeckt die Früchtepizza, wenn Sie vor dem Backen 100 g geraspelten, milden Gouda darüber streuen.

Schnelle Teilchen

Zubereitungszeit: 15 Min.
Backzeit: etwa 15 Min.

Insgesamt:
E: 41 g, F: 49 g, Kh: 214 g,
kJ: 6278, kcal: 1499

- **1 Rolle „Sonntagsbrötchen“ aus dem Kühlregal**
- **1 Eigelb, 2 EL Milch**
- **3–4 EL gehackte Haselnusskerne**
- **Hagelzucker**
- **gehackte Pistazien**

1 Die Teigstücke zu verschiedenen Formen ausrollen, mit den Händen ausformen, z.B. Quadrate und Kreise, auf ein mit Backpapier belegtes Backblech legen.

2 Eigelb und Milch verschlagen, die Teigstücke damit bestreichen, die Teigstücke mit gehackten Haselnusskernen bestreuen, leicht andrücken. Mit Hagelzucker und Pistazien verzieren, das Backblech in den Backofen schieben.

Ober-/Unterhitze:
etwa 200 °C (vorgeheizt)
Heißluft: etwa 180 °C (vorgeheizt)
Gas: Stufe 3–4 (vorgeheizt)
Backzeit: etwa 15 Minuten.

3 Das Gebäck auf einem Kuchenrost abkühlen lassen oder warm geniessen.

Tipp:
Servieren Sie die schnellen Teilchen mit buntem Obstsalat.

Sherry-Zimt-Torte

Zubereitungszeit: 25 Min., ohne Kühlzeit
Backzeit: etwa 15 Min. pro Backblech

Insgesamt:
E: 29 g, F: 187 g, Kh: 206 g, kJ: 11740, kcal: 2806

Für die Böden:
- **225 g TK-Blätterteig**

Zum Bestreuen:
- **30 g Zucker**
- **etwas gemahlener Zimt**

Für die Füllung:
- **1 Pck. gemahlene Gelatine, weiß**
- **4 EL kaltes Wasser**
- **75 g Zucker**
- **125 ml (1/8 l) trockener Sherry**
- **400 ml Schlagsahne**
- **1 Pck. Vanillin-Zucker**

Zum Bestäuben:
- **etwas gemahlener Zimt**

1 Blätterteigplatten zugedeckt nebeneinander bei Zimmertemperatur auftauen lassen. Die Platten aufeinander legen und zu einem Rechteck von 40 x 25 cm ausrollen. Die Platte in 2 Rechtecke von 20 x 25 cm teilen und auf gefettete, mit Wasser besprenkelte Backbleche legen.

2 Zucker mit Zimt mischen, auf die Platten streuen, diese 5 Minuten ruhen lassen und dann nacheinander in den Backofen schieben.

Ober-/Unterhitze: etwa 220 °C (vorgeheizt)
Heißluft: etwa 200 °C (vorgeheizt)
Gas: Stufe 4–5 (vorgeheizt)
Backzeit: etwa 15 Min. pro Backblech

3 Nach dem Backen die Platten auf einem Kuchenrost erkalten lassen.

4 Für die Füllung die Gelatine mit dem Wasser in einem kleinen Topf anrühren, nach Packungsanleitung quellen lassen und unter Rühren erwärmen, bis sie gelöst ist. Zucker und Sherry verrühren, bis sich der Zucker gelöst hat, dann Gelatine einrühren.

5 Sahne mit Vanillin-Zucker steif schlagen. Wenn die Gelatinemasse anfängt, dicklich zu werden, diese unter die Sahne heben.

6 Die Sahnemasse in einen Spritzbeutel mit großer Lochtülle füllen. Eine Blätterteigplatte auf eine Tortenplatte legen, gut die Hälfte der Sahnemasse gleichmäßig auf die Blätterteigplatte spritzen, kurz kalt stellen.

7 Zweite Blätterteigplatte auf die Sahnemasse legen, leicht andrücken. Übrige Sahnemasse gleichmäßig auf die obere Platte aufspritzen und Torte etwa 1 Stunde kalt stellen.

8 Vor dem Servieren die Torte mit etwas Zimt bestäuben.

Tipp:
Sie können für Kinder den Sherry gegen Kirschsaft austauschen.

Yufka-Kirschstrudel

Zubereitungszeit: 25 Min.
Backzeit: etwa 30 Min.

Insgesamt:
E: 35 g, F: 58 g, Kh: 203 g, kJ: 7220, kcal: 1723

Für die Füllung:

- **1 Glas Sauerkirschen (Abtropfgewicht 370 g)**
- **40 g Speisestärke**
- **60 g Zucker**
- **375 ml ($^3/_8$ l) Sauerkirschsaft**
- **4–5 EL Kirschwasser**
- **30 g abgezogene, gehobelte Mandeln**

- **3 Yufka-Platten, nicht gesalzen (à 50 x 35 cm)**
- **2 Eier (Größe M)**
- **50 abgezogene, gemahlene Mandeln**

1 Für die Füllung die Sauerkirschen in einem Sieb abtropfen lassen, den Saft dabei auffangen und 375 ml ($^3/_8$ l) abmessen (evtl. mit Wasser auffüllen). Speisestärke und Zucker mischen, mit 3–4 Esslöffeln von dem abgemessenen Saft verrühren.

2 Restlichen Saft in einem kleinen Topf aufkochen lassen, Stärkemischung einrühren und nochmals unter Rühren aufkochen.

3 Topf von der Kochstelle nehmen, Kirschwasser und gehobelte Mandeln einrühren, Kirschen unterheben.

4 Die erste Yufka-Platte auf eine Arbeitsfläche legen, dünn mit verquirltem Ei bestreichen, die zweite Yufka-Platte darauf legen, diese wieder mit Ei bestreichen, die dritte Platte darauf legen und ebenfalls mit Ei bestreichen.

5 Die gemahlenen Mandeln auf der obersten Platte verteilen, von der kurzen Seite einen etwa 15 cm breiten Streifen der geschichteten Platte abschneiden und ihn auf die Mitte legen.

6 Die Füllung gleichmäßig auf der gesamten Platte verstreichen, die Ränder frei lassen. Den gefüllten Teig vorsichtig aufrollen, die Enden unterschlagen und den Strudel auf ein mit Backpapier belegtes Backblech legen. Mit Ei bestreichen und das Backblech in den Backofen schieben.

Ober-/Unterhitze:
etwa 180 °C (vorgeheizt)
Heißluft: etwa 160 °C (nicht vorgeheizt)
Gas: etwa Stufe 3 (nicht vorgeheizt)
Backzeit: etwa 30 Min.

Tipp:

Yufka-Platten sind hauchdünne Teigplatten, Sie erhalten sie in der Kühltheke oder im Gefrierfach von türkischen Supermärkten.
Den Strudel noch warm mit Vanilleeis oder Vanillesauce servieren.
Wenn der Strudel kalt serviert wird, ihn vorher mit etwas Puderzucker bestäuben.
Sie können statt Kirschwasser auch mehr Kirschsaft verwenden.

Nussbrezeln

Zubereitungszeit: 35 Min.
Backzeit: 15–20 Min.
pro Backblech

Insgesamt:
E: 89 g, F: 371 g, Kh: 279 g,
kJ: 21121, kcal: 5047

- **600 g TK-Blätterteig**

Für den Belag:

- **100 g gemahlene, geröstete Haselnusskerne**
- **100 g Marzipan-Rohmasse**
- **1 Ei (Größe M)**
- **4 EL Rum**
- **1 Prise Salz**
- **1 Msp. gemahlener Zimt**
- **1 Pck. geriebene Zitronenschale**

Zum Bestäuben:

- **gesiebter Puderzucker**

1 Blätterteigplatten zugedeckt nebeneinander bei Zimmertemperatur auftauen lassen.

2 Haselnusskerne, Marzipan-Rohmasse, Ei, Rum, Salz, Zimt und Zitronenschale zu einer streichfähigen Masse verrühren.

3 Blätterteig zu zwei gleichen Stapeln aufeinander legen. Jeden Stapel auf der bemehlten Arbeitsfläche zu einem Rechteck (30 x 25 cm) ausrollen. Ein Rechteck mit Wasser bepinseln, die Nussmasse daraufstreichen. Das zweite Rechteck darauflegen und leicht andrücken. Zugedeckt etwa 10 Minuten kalt stellen.

4 Das Rechteck mit einem scharfen Messer von der Längsseite her in 1,5 cm breite Streifen schneiden. Daraus erst eine Spirale drehen, dann jeweils zur Brezel zusammenlegen.

5 Die Brezeln nebeneinander auf mit Backpapier belegte Backbleche legen, 5 Minuten ruhen lassen und dann backen.

Ober-/Unterhitze:
etwa 220 °C (vorgeheizt)
Heißluft: etwa 200 °C (vorgeheizt)
Gas: etwa Stufe 4 (vorgeheizt)
Backzeit: 15–20 Min.
pro Backblech

6 Die Brezeln noch warm mit Puderzucker bestäuben.

Aprikosen-Knusper-Schälchen

Zubereitungszeit: 25 Min.
Backzeit: 20–25 Min.

Insgesamt:
E: 57 g, F: 158 g, Kh: 286 g, kJ: 12318, kcal: 2942

- **3 Yufka-Platten, nicht gesalzen (à 50 x 35 cm)**

Für den Belag:

- **1 Dose Aprikosenhälften (Abtropfgewicht 240 g)**

Für den Rührteig:

- **75 g weiche Butter**
- **125 g Zucker**
- **2 Eier (Größe M)**
- **100 g Weizenmehl**
- **125 g abgezogene, gemahlene Mandeln**
- **7 EL Aprikosensaft**

Zum Verzieren:

- **50 g Vollmilchschokolade**

1 Zwei Yufka-Platten übereinander legen, die dritte Platte übereinander klappen und daraus insgesamt 12 runde Platten (Ø 11 cm) ausstechen oder ausschneiden. Ein Muffinsblech für 12 Muffins mit Speiseöl auspinseln, die ausgeschnittenen doppelten Platten hineinlegen.

2 Für den Belag die Aprikosen in einem Sieb abtropfen lassen, den Saft dabei auffangen.

3 Für den Rührteig Butter oder Margarine mit Handrührgerät mit Rührbesen auf höchster Stufe geschmeidig rühren. Nach und nach den Zucker unterrühren. So lange rühren, bis eine gebundene Masse entstanden ist.

4 Eier nach und nach unterrühren (jedes Ei etwa 1/2 Minute). Mehl sieben, mit Mandeln mischen abwechselnd mit dem Saft portionsweise auf mittlerer Stufe unter den Teig rühren.

5 Den Teig in die mit Yufka-Platten ausgelegten Muffinsförmchen verteilen, jeweils eine Aprikosenhälfte darauf legen und das Muffinsblech auf dem Rost in den Backofen schieben.

Ober-/Unterhitze: etwa 180 °C (vorgeheizt)
Heißluft: etwa 160 °C (vorgeheizt)
Gas: etwa Stufe 3 (vorgeheizt)
Backzeit: 20–25 Min.

6 Die Schälchen nach dem Backen 5 Minuten in den Förmchen stehen lassen, dann aus der Form lösen und erkalten lassen.

7 Zum Verzieren die Schokolade hacken, in einem kleinen Topf im Wasserbad bei schwacher Hitze geschmeidig rühren und in einen kleinen Gefrierbeutel füllen. Eine Ecke abschneiden und die Schälchen mit der Schokolade besprenkeln.

Tipp:
Die übrig gebliebenen Yufka-Platten können eingefroren werden.

Schnelle Napoleonschnitte

Zubereitungszeit: 25 Min.
Backzeit: etwa 12 Min.

Insgesamt:
E: 29 g, F: 98 g, Kh: 339 g, kJ: 9929, kcal: 2371

Für die Böden:
- **300 g TK-Blätterteig**

Für die Füllung:
- **1 Pck. Pudding-Pulver Vanille-Geschmack**
- **400 ml Milch**
- **50 g Zucker**
- **1 Pck. Bourbon-Vanille-Zucker**

Zum Aprikotieren:
- **2 EL Aprikosenkonfitüre**
- **1 EL Wasser**

Für den Guss:
- **100 g gesiebter Puderzucker**
- **1 EL Wasser**

1 Für die Böden die Blätterteigplatten zugedeckt nebeneinander auftauen lassen. Die Platten aufeinander legen und zu einem Rechteck (28 x 36 cm) ausrollen. Platte so vierteln, dass 4 Rechtecke (14 x 18 cm) entstehen, auf ein gefettetes, mit Wasser besprenkeltes Backblech legen, mehrfach mit einer Gabel einstechen und in den Backofen schieben.

Ober-/Unterhitze:
200–220 °C (vorgeheizt)
Heißluft: 180–200 °C (vorgeheizt)
Gas: etwa Stufe 4 (vorgeheizt)
Backzeit: 10–12 Minuten.

2 Die Böden auf einem Kuchenrost erkalten lassen.

3 Für die Füllung Pudding nach Packungsanleitung – jedoch mit 400 ml Milch und mit Bourbon-Vanille-Zucker – zubereiten.

4 Einen Blätterteigboden auf eine eckige Tortenplatte legen, mit 1/3 der Creme bestreichen, zweiten Boden auflegen, mit der Hälfte der restlichen Creme bestreichen, mit dem dritten Boden bedecken und restliche Creme aufstreichen, mit letztem Boden belegen, etwas andrücken.

5 Zum Aprikotieren die Konfitüre durch ein Sieb streichen. Mit dem Wasser in einem Topf unter Rühren aufkochen lassen, den oberen Boden damit bestreichen und kurz antrocknen lassen.

6 Für den Guss aus Puderzucker und Wasser eine dickflüssige Masse anrühren und den oberen Boden ebenfalls damit bestreichen. Den Guss fest werden lassen.

Tipp:
Die Blätterteigböden vor dem Backen etwas ruhen lassen, dann behalten sie besser ihre Form.
Fruchtiger wird es, wenn Sie beim Bereiten des Puddings einen Teil der Milch durch Fruchtsaft ersetzen.

Express-Erdbeer-Schnitten

Zubereitungszeit: 30 Min.
Backzeit: 15–20 Min.

Insgesamt:
E: 35 g, F: 177 g, Kh: 319 g, kJ: 12900, kcal: 3087

- **300 g TK-Blätterteig**

Für die Füllung:

- **1 Pck. Pudding-Pulver Vanille-Geschmack**
- **40 g Zucker**
- **125 ml (1/8 l) Milch**
- **250 ml (1/4 l) Schlagsahne**

- **Kondensmilch zum Bestreichen**

Für den Belag:

- **750 g Erdbeeren**
- **50 g Zucker**

Für den Guss:

- **1 Pck. Tortenguss, klar**
- **30 g Zucker**
- **250 ml (1/4 l) Wasser**
- **15 g abgezogene, gehackte Mandeln**

1 Die Bätterteigplatten zugedeckt nebeneinander bei Zimmertemperatur auftauen lassen.

2 Für die Füllung aus Pudding-Pulver, Zucker, Milch, Sahne nach Packungsanleitung – aber mit den hier angegebenen Zutaten – einen Pudding zubereiten, kalt stellen, ab und zu durchrühren.

3 Die Teigplatten aufeinander legen, zunächst zu einem Rechteck (34 x 30 cm) ausrollen, dann 2 Rechtecke (30 x 14 cm) daraus schneiden und auf ein gefettetes, mit Wasser besprenkeltes Backblech legen.

4 Aus dem restlichen Teig schmale Streifen schneiden, umeinander schlingen, auf die mit Kondensmilch bestrichenen Teigkanten legen und ebenfalls mit Kondensmilch bestreichen.

5 Die Teigplatten mehrmals mit einer Gabel einstechen. Das Backblech in den Backofen schieben. Die Teigplatten während des Backens evtl. nochmals einstechen.

Ober-/Unterhitze:
200–220 °C (vorgeheizt)
Heißluft: 180–200 °C (vorgeheizt)
Gas: etwa Stufe 4 (vorgeheizt)
Backzeit: 15–20 Min.

6 Für den Belag Erdbeeren waschen, gut abtropfen lassen, entstielen, halbieren, mit Zucker bestreuen und zum Saftziehen stehen lassen.

7 Sofort nach dem Backen das Gebäck vom Backblech lösen und auf einem Kuchenrost erkalten lassen. Das erkaltete Gebäck mit dem Pudding bestreichen. Die Erdbeeren gut abtropfen lassen, schuppenförmig auf den Pudding legen.

8 Den Guss aus Tortenguss, Zucker und Wasser nach Packungsanleitung zubereiten und über die Erdbeeren verteilen. Die Längsseiten der Schnitten mit Mandeln bestreuen.

Tipp:
Fruchtiger wird es, wenn Sie beim Guss das Wasser gegen Erdbeersaft austauschen.

Knusperkissen

Zubereitungszeit: 30 Min.
Backzeit: etwa 20 Min.

Insgesamt:
E: 52 g, F: 258 g, Kh: 393 g, kJ: 17641, kcal: 4216

- **300 g TK-Blätterteig**

Zum Bestreichen:
- **1 Eigelb**
- **1 EL Milch**

Für die Streusel:
- **175 g Weizenmehl**
- **75 g Zucker**
- **100 g Butter**

Für die Füllung:
- **250 ml (1/4 l) Schlagsahne**
- **25 g gesiebter Puderzucker**
- **1 Pck. Sahnesteif**
- **1 Becher Vanille-Pudding (200 g)**

Zum Bestäuben:
- **etwas Puderzucker**

1 Blätterteigplatten nebeneinander zugedeckt bei Zimmertemperatur auftauen lassen.

2 Die Platten aufeinander legen, auf der bemehlten Arbeitsfläche zu einer Platte von 30 x 30 cm ausrollen, daraus 9 Quadrate von je 10 cm Seitenlänge schneiden und auf ein gefettetes, mit kaltem Wasser besprenkeltes Backblech legen.

3 Eigelb mit Milch verrühren und die Quadrate damit bestreichen.

4 Für die Streusel gesiebtes Mehl mit Zucker mischen. Butter zerlassen, unter ständigem Rühren zur Mehl-Zucker-Mischung geben, mit den Händen zu Streuseln verarbeiten, auf die Teigplatten verteilen und in den Backofen schieben.

Ober-/Unterhitze: etwa 200 °C (vorgeheizt)
Heißluft: etwa 180 °C (vorgeheizt)
Gas: Stufe 3–4 (vorgeheizt)
Backzeit: etwa 20 Min.

5 Knusperkissen auf einem Kuchenrost erkalten lassen und von jedem Stück vorsichtig einen Deckel abschneiden.

6 Für die Füllung Sahne mit gesiebtem Puderzucker und Sahnesteif steif schlagen, Vanille-Pudding unterheben. Creme auf den Gebäckböden (evtl. mit dem Spritzbeutel) verteilen, Deckel auflegen und mit Puderzucker bestäuben.

Tipp:
Bereiten Sie die Füllung doch einmal mit Schokoladen-Pudding zu.

Nektarinen-Mascarpone-Schnitten

Zubereitungszeit: 30 Min.
Backzeit: etwa 15 Min.
pro Backblech

Insgesamt:
E: 50 g, F: 285 g, Kh: 304 g,
kJ: 17043, kcal: 4073

- **450 g TK-Blätterteig**

- **1 Ei zum Bestreichen**

Für die Füllung:
- **200 g Mascarpone**
- **1 EL Zucker**
- **1 Pck. Vanillin-Zucker**
- **1 EL Orangenmarmelade**
- **200 ml Schlagsahne**
- **1 Pck. Sahnesteif**

Für den Belag:
- **500 g frische Nektarinen**
- **2 EL Orangenmarmelade**
- **1 EL gehackte Pistazienkerne**

1 Blätterteigplatten nebeneinander zugedeckt bei Zimmertemperatur auftauen lassen. Jede Platte, wenn nötig, auf der leicht bemehlten Arbeitsfläche auf eine Größe von 12 x 12 cm ausrollen. Kanten evtl. gerade schneiden.

2 Den Teig parallel zu den Rändern etwa 1 cm einschneiden, dabei jedoch zwei gegenüberliegende Ecken nicht durchschneiden. Die eingeschnittenen Teigränder diagonal über das Teigstück schlagen, so dass ein doppelter Rand mit zwei Schlaufen an den gegenüberliegenden Ecken entsteht. Diesen Teigrand dünn mit verquirltem Ei bestreichen.

3 Die Rauten auf mit Backpapier belegte Backbleche legen und mit einer Gabel mehrmals einstechen.

Ober-/Unterhitze:
etwa 200 °C (vorgeheizt)
Heißluft: etwa 180 °C (vorgeheizt)
Gas: Stufe 3–4 (vorgeheizt)
Backzeit: etwa 15 Min.
pro Backblech

4 Gebäck auf einem Kuchenrost erkalten lassen.

5 Mascarpone, Zucker, Vanillin-Zucker und durch ein Sieb gestrichene Marmelade verrühren. Sahne mit Sahnesteif steif schlagen und unter die Mascarponemasse heben.

6 Für den Belag Nektarinen waschen, trockentupfen, vierteln und entsteinen. Die Viertel fächerförmig einschneiden. Füllung mit Hilfe eines Löffels in die Gebäckteile geben. Fruchtviertel darauflegen.

7 Orangenmarmelade durch ein Sieb streichen, erwärmen und die Früchte damit bestreichen. Mit Pistazienkernen bestreuen.

Tipp:
Sie können statt frischer Nektarinen auch Pfirsiche aus der Dose nehmen.

Ideenreiche Variationen aus der Tüte, die Sie begeistern werden.

Ruck-Zuck mit Backmischungen

Schokino-Heidelbeer-Kuchen

Zubereitungszeit: 20 Min.
Backzeit: etwa 25 Min.

Insgesamt:
E: 54 g, F: 214 g, Kh: 469 g, kJ: 27948, kcal: 4325

Für den Rührteig:
- **1 Glas Heidelbeeren (Abtropfgewicht 220 g)**
- **1 Pck. (450 g) Backmischung Schokinokuchen**
- **125 g weiche Butter oder Margarine**
- **3 Eier (Größe M)**
- **50 ml Milch**

Für den Guss:
- **1 Pck. Tortenguss, klar**
- **1 EL Zitronensaft**
- **1 EL Zucker**
- **250 ml (1/4 l) Heidelbeersaft**

Zum Garnieren:
- **75 g Fettglasur (ist in der Backmischung enthalten)**

1 Die Heidelbeeren auf einem Sieb gut abtropfen lassen, Saft dabei auffangen.

2 Für den Teig die Backmischung nach Packungsanleitung mit Butter oder Margarine, Eiern und Milch zubereiten, aber alle Schokoladenflocken (sind in der Packung) in den Teig geben. Einen Backrahmen (28 x 30 cm) auf ein mit Backpapier belegtes Backblech stellen, Teig darin glatt streichen. Heidelbeeren gleichmäßig darauf verteilen, das Backblech in den Backofen schieben.

Ober-/Unterhitze: etwa 200 °C (vorgeheizt)
Heißluft: etwa 180 °C (vorgeheizt)
Gas: Stufe 3–4 (vorgeheizt)
Backzeit: etwa 25 Min.

3 Gebäck auf dem Backblech auf einen Kuchenrost stellen und erkalten lassen.

(Fortsetzung Seite 34)

4 Den Guss aus Tortengusspulver, Zitronensaft, Zucker und Heidelbeersaft (evtl. mit Wasser ergänzen) nach Packungsanleitung zubereiten und sofort mit Hilfe eines Pinsels über den erkalteten Kuchen geben, fest werden lassen.

5 Zum Garnieren den Fettglasur-Beutel einige Minuten in heißes Wasser legen, herausnehmen, trocken tupfen und eine sehr kleine Ecke abschneiden. Ornamente auf Backpapier spritzen und erstarren lassen. Gebäck vor dem Servieren mit den Ornamenten garnieren.

■ **Tipp:**
Mit aufgeschlagener Vanillesahne servieren.

■ **Variante:**
Statt die Backmischung zu verwenden, können Sie den Teig auch selbst herstellen. Dazu 150 g Butter oder Margarine mit Handrührgerät mit Rührbesen auf höchster Stufe geschmeidig rühren. Nach und nach 150 g Zucker, 1 Päckchen Vanillin-Zucker und 1 Prise Salz unterrühren. So lange rühren, bis eine gebundene Masse entstanden ist. 4 Eier (Größe M) nach und nach unterrühren (jedes Ei etwa 1/2 Minute). 300 g Weizenmehl mit 2 gestrichenen Teelöffeln Backpulver mischen, sieben, abwechselnd portionsweise mit 2–3 Esslöffeln Milch auf mittlerer Stufe unterrühren. Zuletzt kurz 50 g Schokoladenflocken unterrühren und den Teig wie oben angegeben weiterverarbeiten und backen.

Weincreme-Schnitten

Zubereitungszeit: 25 Min.
Backzeit: etwa 15 Min.

Insgesamt:
E: 44 g, F: 237 g, Kh: 612 g, kJ: 21204, kcal: 5034

Für den Teig:
- **1 Pck. (485 g) Backmischung Zitronenkuchen**
- **125 g weiche Butter oder Margarine**
- **2 Eier (Größe M)**
- **100 ml Milch**

Für die Füllung:
- **100 ml Wasser**
- **2 Pck. Weißwein-Creme**
- **400 ml Schlagsahne**
- **Puderzucker zum Bestäuben**

1 Für den Teig die Backmischung mit Butter oder Margarine, Eiern und Milch nach Packungsanleitung zubereiten. Den Teig auf ein gefettetes Backblech (30 x 40 cm) streichen, vor den Teig einen mehrfach umgeknickten Streifen Alufolie legen, in den Backofen schieben.

Ober-/Unterhitze:
180–200 °C (vorgeheizt)
Heißluft: 160–180 °C (vorgeheizt)
Gas: Stufe 3–4 (vorgeheizt)
Backzeit: etwa 15 Min.

2 Für die Füllung Wasser mit dem Wein aus den Packungen in eine große Schüssel geben. Den Inhalt der Päckchen auf einmal in die Flüssigkeit geben und mit Handrührgerät mit Rührbesen auf niedrigster Stufe verrühren, dann in etwa 2 Minuten auf höchster Stufe schlagen, bis die Masse durch und durch schaumig ist und dicklich wird.

3 Die Schlagsahne steif schlagen und unter die Weißweinmasse heben. Das Gebäck senkrecht halbieren, die eine Hälfte mit der Weißweincreme bestreichen, die andere darauf legen. Das Gebäck kalt stellen, bis die Creme schnittfest ist.

4 Das Gebäck in Schnitten beliebiger Größe schneiden und mit Puderzucker bestäuben.

Kuh-Kuchen

Zubereitungszeit: 25 Min.
Backzeit: etwa 20 Min.

Insgesamt:
E: 46 g, F: 147 g, Kh: 529 g, kJ: 15559, kcal: 3694

Für den Teig:
- **1 Pck. (400 g) Backmischung Marmorkuchen**
- **125 g weiche Butter oder Margarine**
- **3 Eier (Größe M)**
- **50 ml Milch**
- **1 EL Milch für den dunklen Teig**

Für die Cremefüllung:
- **250 ml (1/4 l) Milch**
- **250 ml (1/4 l) Schlagsahne**
- **200 g Sahne Muh-Muhs (Milch-Toffee)**
- **1 Pck. Pudding-Pulver Vanille-Geschmack**
- **3 Blatt weiße Gelatine**

1 Für den Teig die Backmischung aus Butter oder Margarine, Eiern und Milch nach Packungsanleitung zubereiten. 2/3 des Teiges auf ein gefettetes, mit Backpapier belegtes Backblech (30 x 40 cm) streichen. Unter den restlichen Teig das Kakaopulver (ist in der Packung) und die Milch rühren. Den dunklen Teig mit Hilfe eines Esslöffels kuhfleckenartig auf dem hellen Teig verteilen.

Ober-/Unterhitze:
etwa 180 °C (vorgeheizt)
Heißluft: etwa 160 °C (vorgeheizt)
Gas: etwa Stufe 3 (vorgeheizt)
Backzeit: etwa 20 Min.

2 Die Gebäckplatte auf dem Backblech auf einem Kuchenrost erkalten lassen.

3 Für die Cremefüllung von der Milch 4 Esslöffel abnehmen und Puddingpulver damit anrühren. Die restliche Milch mit der Sahne zum Kochen bringen. Die Sahne Muh-Muhs grob hacken, unter Rühren in die Milch geben und so lange rühren, bis sich die Bonbons vollständig aufgelöst haben.

4 Das angerührte Pudding-Pulver in die heiße Milch-Bonbon-Masse rühren. Unter Rühren nochmals aufkochen lassen. Gelatine nach Packungsanleitung in Wasser einweichen, ausdrücken und in den noch heißen Pudding einrühren.

5 Die Gebäckplatte senkrecht halbieren. Eine Hälfte davon mit der glatten Seite nach unten in einen Backrand (20 x 30 cm) legen, den heißen Pudding einfüllen und verstreichen. Zweite Gebäckhälfte mit der glatten Seite nach oben darauf legen, leicht andrücken. Gebäck erkalten lassen, Backrahmen entfernen und in beliebig große Stücke schneiden.

Variante:
Sie können den Marmorkuchen nach folgendem Rezept auch selbst backen: 200 g weiche Butter oder Margarine mit Handrührgerät mit Rührbesen auf höchster Stufe geschmeidig rühren, nach und nach 175 g Zucker, 1 Päckchen Vanillin-Zucker und 1 Prise Salz unterrühren und so lange rühren, bis eine gebundene Masse entstanden ist. 3 Eier (Größe M) nach und nach unterrühren (jedes Ei etwa 1/2 Minute). 250 g Mehl mit 2 gestrichenen Teelöffeln Backpulver mischen, sieben und abwechselnd esslöffelweise mit 1–2 Esslöffeln Milch auf mittlerer Stufe unterrühren (nur so viel Milch verwenden, dass der Teig schwer reißend von einem Löffel fällt). Hellen Teig auf das vorbereitete Backblech geben. Für den dunklen Teig 10 g Kakaopulver sieben, mit 1–2 Esslöffeln Milch unter den Rest des Teiges rühren, so dass er wieder schwer reißend vom Löffel fällt. Den dunklen Teig kuhfleckenartig auf dem hellen Teig verteilen und wie oben angegeben backen.

Zebra-Rollen

(ergibt zwei Rollen)

Zubereitungszeit: 35 Min., ohne Kühlzeit
Backzeit: etwa 8 Min. pro Biskuitplatte

Insgesamt:
E: 75 g, F: 158 g, Kh: 373 g, kJ: 13843, kcal: 3289

Für den Biskuitteig:

- **1 Pck. (330 g) Grundmischung Biskuitteig**
- **4 Eier (Größe M)**
- **100 ml Wasser**
- **20 g Kakaopulver**
- **1 Msp. gemahlener Zimt**
- **50 g zerlassene, abgekühlte Margarine**

Für die Füllung:

- **1 Pck. Mousse au Chocolat Dessertpulver**
- **175 ml Milch**
- **100 ml Schlagsahne**
- **1 Pck. Mousse à la Vanille Dessertpulver**
- **175 ml Milch**
- **100 ml Schlagsahne**

Zum Bestäuben:

- **Puderzucker**

1 Für den Teig die Grundmischung nach Packungsanleitung „Dunkler Biskuitteig“ – aber mit den oben angegebenen Zutaten – zubereiten. Die Hälfte des Teiges auf ein mit Backpapier belegtes Backblech (30 x 40 cm) streichen. Das Backpapier vor dem Teig zu einer Falte knicken. Sofort backen.

Ober-/Unterhitze:
etwa 200 °C (vorgeheizt)
Heißluft: –
Gas: Stufe 3–4 (vorgeheizt)
Backzeit: etwa 8 Min.
pro Biskuitplatte

2 Biskuitplatte sofort nach dem Backen auf ein mit Zucker bestreutes Geschirrtuch stürzen, Backpapier vorsichtig, aber schnell abziehen, Biskuitplatte von der längeren Seite her aufrollen und erkalten lassen.

3 Aus dem restlichen Teig eine weitere Biskuitrolle backen.

4 Für die Füllung Mousse au Chocolat nach Packungsanleitung – aber mit 175 ml Milch und 100 ml Schlagsahne – zubereiten. Die Mousse à la Vanille ebenfalls mit 175 ml Milch und 100 ml Schlagsahne zubereiten.

5 Helle und dunkle Mousse jeweils in einen Spritzbeutel mit Lochtülle füllen und abwechselnd Längsstreifen auf beide Biskuitplatten spritzen. Beide Platte jeweils von der längeren Seite her aufrollen und mindestens 2 Stunden kalt stellen.

6 Biskuitrollen vor dem Servieren mit Puderzucker bestäuben.

Tipp:

Biskuitplatten trocknen sehr schnell aus und brechen, wenn sie etwas zu lange backen.

Fruchtiger wird es, wenn Sie die Biskuitplatten vor dem Aufspritzen der Mousse noch mit jeweils 3–4 Esslöffeln angedickten Preiselbeeren bestreichen.

Ein besonders schönes Zebra-Muster bekommen die Rollen, wenn Sie dünne wellenförmige Papierstreifen auf die dunklen Rollen legen, dann mit Puderzucker bestäuben und die Papierstreifen vorsichtig abheben.

Avocado-Quark-Schnitten

Zubereitungszeit: 40 Min., ohne Kühlzeit
Backzeit: etwa 10 Min.

Insgesamt:
E: 126 g, F: 233 g, Kh: 360 g, kJ: 17578, kcal: 4183

Für den Biskuitteig:

- **1 Pck. (330 g) Grundmischung Biskuitteig**
- **4 Eier (Größe M)**
- **30 ml Wasser**

Für die Quarksahne:

- **2 reife (weiche) Avocados (etwa 400 g)**
- **Saft von ½ Zitrone**
- **2 Pck. Quarkspeise Zitronen-Geschmack**
- **500 g Speisequark**
- **200 ml Milch**
- **4 Blatt weiße Gelatine**
- **250 ml (¼ l) Schlagsahne**
- **1 EL Zucker**
- **1 Pck. Sahnesteif**

Zum Garnieren:

- **½ Zitrone (unbehandelt)**

1 Für den Teig die Grundmischung mit Eiern und Wasser nach Packungsanleitung zubereiten, auf ein Backblech (30 x 40 cm, gefettet, mit Backpapier belegt) streichen, an der offenen Seite des Blechs das Papier unmittelbar vor dem Teig zur Falte knicken, so dass ein Rand entsteht, sofort in den Backofen schieben.

Ober-/Unterhitze:
etwa 200 °C (vorgeheizt)
Heißluft: –
Gas: Stufe 3–4 (vorgeheizt)
Backzeit: etwa 10 Min.

2 Den Biskuit sofort nach dem Backen auf ein mit Zucker bestreutes Geschirrtuch stürzen, Das Backpapier mit kaltem Wasser bestreichen, vorsichtig, aber schnell abziehen und erkalten lassen. Dann senkrecht halbieren und eine Hälfte in einen Backrahmen (20 x 30 cm) legen.

3 Für die Quarksahne Gelatine nach Packungsanleitung einweichen. Avocados halbieren, entsteinen, das Fruchtfleisch mit einem Löffel aus der Schale kratzen und mit dem Zitronensaft gut pürieren.

4 Beide Quarkspeisen zusammen nach Packungsanleitung mit 500 g Quark – aber nur mit 200 ml Milch – zubereiten und das Avocadopüree unterrühren. Gelatine leicht ausdrücken, in einem kleinen Topf unter Rühren auflösen, mit 3 Esslöffeln der Quarkmasse verrühren, dann unter die restliche Quarkmasse rühren.

5 Schlagsahne mit Zucker und Sahnesteif steif schlagen. 2–3 Esslöffel davon zum Garnieren in einen Spritzbeutel mit Lochtülle geben. Quarkmasse unter die restliche Sahne heben.

6 Von der Quarksahne ⅔ auf die untere Gebäckplatte streichen, mit der oberen Gebäckplatte bedecken. Die restliche Quarksahne auf die obere Gebäckplatte geben und glatt streichen. Mit der Sahne aus dem Spritzbeutel verzieren. 2 Stunden kalt stellen.

7 Gebäck in Schnitten teilen. Vor dem Servieren mit Zitronenscheiben garnieren.

Tipp:
Die Schnitten nicht lange aufbewahren, da sie sonst braun werden.

Blitz-Birnen-Baiser-Torte

Zubereitungszeit: 20 Min., ohne Kühlzeit
Backzeit: etwa 40 Min.

Insgesamt:
E: 58 g, F: 120 g, Kh: 400 g, kJ: 12483, kcal: 2969

Für den Teig:
- **1 Pck. (250 g) Grundmischung Obstkuchenteig**
- **100 g weiche Butter oder Margarine**
- **2 Eier (Größe M)**

Für den Belag:
- **1 Dose Birnenhälften (Abtropfgewicht 460 g)**
- **1 Pck. Pudding-Pulver Schokolade-Geschmack**
- **1 EL Zucker**
- **2 Eigelb (Größe M)**
- **200 ml Birnensaft**
- **300 ml Milch**

Für den Baiser:
- **2 Eiweiß (Größe M)**
- **100 g gesiebter Puderzucker**

1 Den Teig nach Packungsanleitung zubereiten, in einer Springform (Ø 26 cm, Boden gefettet) glatt streichen und die Form auf dem Rost in den Backofen schieben.

Ober-/Unterhitze:
etwa 170 °C (vorgeheizt)
Heißluft: etwa 150 °C (nicht vorgeheizt)
Gas: Stufe 2–3 (nicht vorgeheizt)
Backzeit: 30–35 Min.

2 Für den Belag Birnen auf einem Sieb gut abtropfen lassen, Saft dabei auffangen. Birnenhälften auf den gebackenen Boden legen.

3 Pudding-Pulver mit Zucker mischen, mit Eigelb und dem gesamten Birnensaft anrühren. Milch zum Kochen bringen, angerührtes Pudding-Pulver einrühren und unter Rühren aufkochen lassen. Pudding heiß auf die Birnen geben und erkalten lassen.

4 Für den Baiser das Eiweiß mit Puderzucker steif schlagen, in einen Spritzbeutel mit Lochtülle füllen und breite Tuffs auf den Pudding setzen, bis dieser völlig bedeckt ist. Den Kuchen auf dem Rost in den Backofen schieben.

Ober-/Unterhitze:
etwa 220 °C (vorgeheizt)
Heißluft: etwa 200 °C (vorgeheizt)
Gas: etwa Stufe 4 (vorgeheizt)
Backzeit: etwa 8 Min.

Variante:
Sie können statt der Grundmischung die Zutaten für den Obstboden auch selbst zusammenstellen. Mischen und sieben Sie dann 100 g Weizenmehl mit 2 gestr. Teelöffeln Backpulver in eine Schüssel. Geben Sie 100 g Zucker, 2 Päckchen Vanillin-Zucker, 2 Eier (Größe M) und 100 g Butter oder Margarine dazu. Alle Zutaten mit Handrührgerät mit Rührbesen erst kurz auf niedrigster, dann etwa 2 Minuten auf höchster Stufe verrühren und wie oben angegeben verarbeiten und backen.

Tipp:
Man kann den Baiser auch wellenartig mit Hilfe eines Löffels auf dem Pudding verteilen.
2–3 Esslöffel Kokosflocken anrösten und an den Rand der Torte drücken.
Kuchen am Vortag zubereiten, vor dem Servieren den Baiser frisch aufspritzen und überbacken.

Apfel-Knusper-Tarte

Zubereitungszeit: 20 Min.
Backzeit: 25–30 Min.

Insgesamt:
E: 45 g, F: 117 g, Kh: 490 g, kJ: 13827, kcal: 3281

Für den Streuselteig:
- **1 Pck. (400 g) Grundmischung Mürbeteig**
- **125 g Butter oder Margarine**
- **1 Ei (Größe M)**

Für den Belag:
- **50 g Eierplätzchen**
- **500 g Äpfel**
- **50 g Rosinen**
- **1 EL Zucker**

Für den Guss:
- **4 EL Apfelgelee**
- **50 ml Weißwein**

1 Für den Teig die Grundmischung mit Butter oder Margarine und Ei nach Packungsanleitung zu Streuseln verarbeiten. 2 Esslöffel davon abnehmen, den Rest in einer gefetteten Tarteform (Ø 26 cm) oder auf dem gefetteten Boden einer Springform festdrücken.

2 Für den Belag die Eierplätzchen in einen Gefrierbeutel geben und mit einer Teigrolle zerkleinern. Die Hälfte davon auf den Mürbeteigboden streuen.

3 Die Äpfel schälen, vierteln, Kerngehäuse entfernen. Die Äpfel in feine Spalten schneiden und ringförmig auf den Boden legen. Die Rosinen, die restlichen Streusel, die restlichen Plätzchenkrümel und den Zucker nacheinander über die Äpfel streuen und die Form auf dem Rost in den Backofen schieben.

Ober-/Unterhitze:
etwa 200 °C (vorgeheizt)
Heißluft: etwa 180 °C (vorgeheizt)
Gas: Stufe 3–4 (vorgeheizt)
Backzeit: 25–30 Min.

4 Für den Guss das Apfelgelee mit dem Weißwein aufkochen und direkt nach dem Backen mit Hilfe eines Esslöffels auf den Belag geben.

Variante:
Sie können, statt die Grundmischung zu nehmen, die Zutaten auch selbst zusammenstellen. Dazu 200 g Weizenmehl in eine Schüssel sieben, 50 g Zucker, 1 Päckchen Vanillin-Zucker und 150 g Butter oder Margarine hinzufügen und alle Zutaten mit Handrührgerät mit Rührbesen zunächst auf niedrigster, dann auf höchster Stufe zu Streuseln verarbeiten und weiter wie oben beschrieben bearbeiten und backen.

Tipp:
Die Tarte mit steif geschlagener Sahne servieren.
Sie können anstelle von Äpfeln auch Mangospalten oder Quittenbällchen aus der Dose verwenden.

Schoko-Orangen-Törtchen

(15 Stück)

Zubereitungszeit: 15 Min.
Backzeit: etwa 25 Min.

Insgesamt:
E: 41 g, F: 154 g, Kh: 438 g, kJ: 14131, kcal: 3355

Für den Teig:

- **1 Pck. (400 g) Grundmischung Rührteig**
- **125 g weiche Butter oder Margarine**
- **2 Eier (Größe M)**
- **50 ml Orangensaft**
- **½ Pck. Orangenfrucht**
- **1 Tafel Zartbitterschokolade**

Zum Tränken:

- **100 ml Orangensaft**

Zum Garnieren:

- **1 Beutel/Becher (150 g) kakaohaltige Fettglasur**
- **½ Pck. Orangenfrucht**

1 Für den Teig die Grundmischung mit Butter oder Margarine, Eiern und Orangensaft nach Packungsanleitung zubereiten.

2 Orangenfrucht unterrühren, Schokolade fein hacken und kurz unter den Teig rühren.

3 30 Papierbackförmchen (jeweils 2 Stück ineinander gestellt) auf ein Backblech stellen und den Teig in die Förmchen verteilen.

4 Das Backblech in den Backofen schieben.

Ober-/Unterhitze:
etwa 180 °C (vorgeheizt)
Heißluft: etwa 160 °C (vorgeheizt)
Gas: etwa Stufe 3 (vorgeheizt)
Backzeit: etwa 25 Min.

5 Sofort nach dem Backen die Törtchen mit dem Orangensaft tränken. Die Törtchen auf einen Kuchenrost erkalten lassen.

6 Zum Garnieren die kakaohaltige Fettglasur nach Packungsanleitung schmelzen lassen, restliche Orangenfrucht unterrühren und sie in dicken Klecksen auf den Törtchen verteilen.

Variante:

Statt die Grundmischung zu verwenden, können Sie die Zutaten für den Teig auch traditionell zubereiten. Dazu 200 g Butter oder Margarine mit Handrührgerät mit Rührbesen auf höchster Stufe geschmeidig rühren. Nach und nach 150 g Zucker, 1 Päckchen Vanillin-Zucker, ½ Päckchen Orangenfrucht und 50 ml Orangensaft unterrühren. So lange rühren, bis eine gebundene Masse entstanden ist. 4 Eier (Größe M) nach und nach unterrühren (jedes Ei etwa ½ Minute). 200 g Weizenmehl mit 25 g Speisestärke und 2 gestrichenen Teelöffeln Backpulver mischen, sieben, portionsweise auf mittlerer Stufe unter den Teig rühren. Zuletzt 75 g Raspelschokolade oder eine Tafel (100 g) fein gehackte Zartbitterschokolade unterrühren und den Teig wie oben angegeben weiterverarbeiten und backen.

Tipp:

Bei Verwendung von Butter gehen die Törtchen nicht so schön hoch.

Formel-1-Nussecken

Zubereitungszeit: 25 Min.
Backzeit: etwa 25 Min.

Insgesamt:
E: 95 g, F: 512 g, Kh: 660 g,
kJ: 31622 , kcal: 7533

Für den Belag:

- **150 g Butter**
- **100 g Honig**
- **50 g Zucker**
- **200 g gemahlene Haselnusskerne**
- **200 g gehobelte Haselnusskerne**
- **3 TL Weizenmehl**

Für den Teig:

- **1 Pck. (400 g) Grundmischung Mürbeteig**
- **125 g Butter oder Margarine**
- **1 Ei (Größe M)**

- **3–4 EL Aprikosenkonfitüre**

Zum Tauchen:

- **1 Pck. (150 g) Kuchenglasur**

1 Für den Belag die Butter mit Honig und Zucker in einem Topf erwärmen und so lange rühren, bis alles gelöst ist. Die Haselnusskerne und das Mehl hinzufügen und unter Rühren kurz aufkochen lassen. Die Masse erkalten lassen.

2 Für den Teig die Grundmischung mit Butter oder Margarine und Ei nach Packungsanleitung zubereiten, zu einer Kugel verkneten, auf einem gefetteten Backblech (30 x 40 cm) ausrollen und mit der Konfitüre bestreichen.

3 Die Haselnussmasse auf der Konfitüre verteilen und glatt streichen. Das Backblech in den Backofen schieben.

Ober-/Unterhitze:
etwa 180 °C (vorgeheizt)
Heißluft: etwa 160 °C (vorgeheizt)
Gas: etwa Stufe 3 (vorgeheizt)
Backzeit: etwa 25 Min.

4 Das Backblech auf einen Kuchenrost stellen, etwas abkühlen lassen. Das Gebäck noch warm in Quadrate (9 x 9 cm) und dann in Dreiecke schneiden.

5 Zum Tauchen die Kuchenglasur im heißen Wasserbad geschmeidig rühren, bis die Glasur dünnflüssig ist. Die Ecken der Gebäckstücke in die Glasur eintauchen und auf einem Kuchenrost trocknen lassen.

Variante:
Sie können statt der Grundmischung die Zutaten auch selbst zusammenstellen. Dazu 200 g Weizenmehl in eine Schüssel sieben, 50 g Zucker, 1 Päckchen Vanillin-Zucker und 150 g Butter oder Margarine hinzufügen und alle Zutaten mit Handrührgerät mit Rührbesen zunächst auf niedrigster, dann auf höchster Stufe gut durcharbeiten und weiter wie oben beschrieben verkneten, ausrollen und backen.

Mohnmuffins

(18 Stück)

Zubereitungszeit: etwa 15 Min.
Backzeit: etwa 25 Min.

Insgesamt:
E: 63 g, F: 225 g, Kh: 570 g, kJ: 19010, kcal: 4519

Für den Rührteig:

- **1 Pck. (400 g) Grundmischung Rührteig**
- **200 g Butter oder Margarine**
- **3 Eier (Größe M)**
- **1 Pck. (250 g) Mohnback**

Für den Guss:

- **125 g Puderzucker**
- **1–2 EL Wasser**

1 Für den Teig die Grundmischung mit Butter oder Margarine und Eiern nach Packungsanleitung – aber ohne Milch – zubereiten. Mohnback (1–2 Teelöffel für den Guss zurückbehalten) unterrühren.

2 Teig in 36 Papierbackförmchen (jeweils 2 ineinandergestellt) verteilen, auf dem Backblech in den Backofen schieben.

Ober-/Unterhitze: etwa 180 °C (vorgeheizt)
Heißluft: etwa 160 °C (vorgeheizt)
Gas: etwa Stufe 3 (vorgeheizt)
Backzeit: etwa 25 Min.

3 Muffins auf einem Kuchenrost auskühlen lassen.

4 Für den Guss Puderzucker, Wasser und zurückgelassenes Mohnback zu einer dickflüssigen Masse verrühren. Muffins damit bestreichen, Guss fest werden lassen.

Variante:

Statt der Grundmischung können Sie den Rührteig auch selbst herstellen. Dazu 200 g Butter oder Margarine mit Handrührgerät mit Rührbesen auf höchster Stufe geschmeidig rühren. Nach und nach 200 g Zucker, 1 Päckchen Vanillin-Zucker und 1 Prise Salz unterrühren. So lange rühren, bis eine gebundene Masse entstanden ist. 4 Eier (Größe M) nach und nach unterrühren (jedes Ei etwa 1/2 Minute). 250 g Weizenmehl mit 50 g Speisestärke und 3 gestrichenen Teelöffeln Backpulver mischen, sieben, portionsweise auf mittlerer Stufe unter den Teig rühren. Die angegebene Packung Mohnback unterrühren (1 Teelöffel zurücklassen) und den Teig wie oben angegeben weiterverarbeiten und backen.

Tipp:

Muffins lassen sich gut einfrieren. Ein feines Aroma bekommen die Muffins, wenn man dem Teig 2 Esslöffel Rum zufügt und den Guss statt mit Wasser mit Rum anrührt.

Köstlichkeiten, bei denen Sie sich die Backzeit sparen.

Coole Torten

Turboschnelle Popcorntorte

Zubereitungszeit:
etwa 20 Min., ohne Kühlzeit

Insgesamt:
E: 34 g, F: 61 g, Kh: 174 g, kJ: 5979, kcal: 1528

Für den Boden:

- **50 g Popcorn**
- **100 g Vollmilchschokolade**

Für den Belag:

- **1 Pck. Mousse au Chocolat (Dessertpulver)**
- **250 ml (1/4 l) Milch**

Zum Garnieren:

- **25 g Popcorn**
- **50 g Vollmilchschokolade**

1 Für den Boden Popcorn mit einem Messer grob hacken. Schokolade zerkleinern, im Wasserbad schmelzen lassen, zu den Popcornbröseln geben und gut vermischen.

2 Masse in einer Springform (Ø 22 cm, Boden gefettet, mit Backpapier belegt) verteilen und zu einem Boden andrücken.

3 Für den Belag aus Mousse au Chocolat und Milch nach Packungsanleitung eine Creme herstellen und auf den Popcornboden geben, glatt streichen.

4 Popcorn auf die Creme häufen und leicht andrücken. Schokolade im Wasserbad schmelzen lassen und mit einem kleinen Löffel über das Popcorn sprenkeln. Etwa 2 Stunden kalt stellen.

Tipp:
Die Torte lässt sich am besten mit einem elektrischen Messer schneiden. 100 ml der Milch für das Dessert durch Orangensaft ersetzen und nach Belieben zusätzlich eine Dose Mandarinen (Abtropfgewicht 175 g) unter die Mousse heben.

Maracuja-Joghurt-Torte

Zubereitungszeit: 30 Min., ohne Kühlzeit

Insgesamt:
E: 82 g, F: 189 g, Kh: 573 g, kJ: 18434, kcal: 4391

- **3 Lagen von 1 hellen Wiener Boden (Ø 26 cm)**

Für die Füllung:

- **1 Pck. Dr. Oetker Tortencreme Käse-Sahne**
- **500 ml (1/2 l) Schlagsahne**
- **450 g Naturjoghurt**
- **200 ml Maracujanektar**

Für den Guss:

- **2 Pck. Tortenguss, klar**
- **375 ml (3/8 l) Maracujanektar**
- **125 ml (1/8 l) Wasser**

1 Eine Lage Wiener Boden auf eine Tortenplatte legen, Springformrand oder Tortenring darumstellen.

2 Für die Füllung Tortencreme mit Sahne nach Packungsanleitung – aber mit Joghurt und Maracujanektar – zubereiten. Die Masse auf den Boden im Springformrand geben und glatt streichen. Zweiten Boden nicht wie auf der Packung angegeben in 16 Stücke schneiden, auflegen und andrücken.

3 Den Guss aus Tortengusspulver nach Packungsanleitung mit Maracujanektar und Wasser herstellen und auf den oberen Boden gießen.

4 Torte etwa 3 Stunden kalt stellen. Vor dem Servieren Springformrand oder Tortenring mit einem Messer lösen.

5 Aus der dritten Biskuitlage beliebige Motive (Herzen, Sterne) ausstechen, mit dem Dekorzucker aus der Packung bestäuben und auf die Tortenoberfläche legen.

Variante:
Sie können auch selbst einen Biskuitboden herstellen. Dazu 4 Eier (Größe M) und 3 Esslöffel heißes Wasser mit Handrührgerät mit Rührbesen auf höchster Stufe in 1 Minute schaumig schlagen. 150 g Zucker und 1 Päckchen Vanillin-Zucker mischen, in 1 Minute einstreuen, dann noch etwa 2 Minuten schlagen. 100 g Mehl mit 100 g Speisestärke und 2 gestrichenen Teelöffeln Backpulver mischen, die Hälfte davon auf die Eiercreme sieben, kurz auf niedrigster Stufe unterrühren, den Rest des Mehlgemisches auf dieselbe Art unterarbeiten. Den Teig in eine Springform (Ø 26 cm, Boden gefettet, mit Backpapier belegt) füllen, sofort bei 180–200 °C (Ober /Unterhitze, vorgeheizt) oder Stufe 3–4 (Gas, vorgeheizt) 20–30 Minuten backen. Nach dem Backen den Biskuitboden aus der Form lösen, auf einem Kuchenrost erkalten lassen und zweimal waagerecht durchschneiden.

Marshmallow-Erdbeer-Torte

Zubereitungszeit: 30 Min., ohne Kühlzeit

Insgesamt:
E: 36 g, F: 278 g, Kh: 307 g, kJ: 16769, kcal: 4010

Für den Boden:
- **150 g Butterkekse**
- **100 g Butter**
- **50 g Zucker**
- **50 g Vollmilchschokolade**

Für die Füllung:
- **500 g frische Erdbeeren**
- **500 ml (1/2 l) Schlagsahne**
- **2 Pck. Sahnesteif**
- **100 g Marshmallow-Creme Classic oder Strawberry-Fluff (Erdbeer-Geschmack)**

Zum Garnieren:
- **Marshmallows**

1 Für den Boden Butterkekse in einen Gefrierbeutel geben, verschließen und die Butterkekse mit einer Teigrolle zerdrücken. Butter zerlassen, mit dem Zucker zu den Butterkeksen geben und verrühren. Die Masse gleichmäßig in einer Springform (Ø 26 cm, Boden gefettet) verteilen und gut andrücken.

2 Die Schokolade grob hacken, in einem kleinen Topf im Wasserbad bei schwacher Hitze geschmeidig rühren, auf dem Boden verstreichen (am besten mit einem Pinsel) und fest werden lassen.

3 Für die Füllung Erbeeren waschen und putzen. 6 Erdbeeren zum Garnieren zurücklegen. Die restlichen Erdbeeren auf den Schokoboden legen. Dabei am Rand etwa 1 cm frei lassen.

4 Die Sahne mit Sahnesteif steif schlagen. Marshmallow-Creme erst mit 1/3 der Sahne verrühren, dann unter die restliche Sahne heben. Die Masse auf die Erdbeeren geben und glatt streichen. Nach Belieben mit Hilfe eines Teelöffels Vertiefungen in die Oberfläche drücken. Die Torte mindestens 1 Stunde kalt stellen.

5 Vor dem Servieren die Torte mit halbierten Erdbeeren und Marshmallows garnieren.

Tipp:
Marshmallow-Creme gibt es oft in Lebensmittelhandlungen von Kaufhäusern bei den amerikanischen Lebensmitteln oder in großen Supermärkten.
Anstelle der Butterkekse können auch Löffelbiskuits verwendet werden.
Statt mit Vertiefungen kann man die Oberfläche der Torte auch mit einem Tortengarnierkamm wellenförmig verzieren oder die Masse kuppelartig auf die Erdbeeren streichen.
Anstelle der Erdbeeren können auch Johannisbeeren verwendet werden, die der Torte eine leicht säuerliche Note geben.

Johannisbeer-Schwips-Torte

Zubereitungszeit: 30 Min., ohne Kühlzeit

Insgesamt:
E: 89 g, F: 143 g, Kh: 417 g, kJ: 15552, kcal: 3710

- **1 Mürbeteig-Obstboden (Ø 26 cm)**

Für die Füllung:

- **500 g Sahnequark**
- **100 g Zucker**
- **50 ml Johannisbeerlikör**
- **4 Blatt rote Gelatine**
- **50 ml Johannisbeersaft**

Für den Belag:

- **500 g frische Johannisbeeren**
- **1 Pck. Tortenguss, rot**
- **2 EL Zucker**
- **200 ml Johannisbeersaft**
- **50 ml Johannisbeerlikör**

1 Für die Füllung Quark in eine Rührschüssel geben, Zucker und Likör unterrühren. Gelatine nach Packungsanleitung einweichen, in einem kleinen Topf auflösen und mit dem Johannisbeersaft verrühren.

2 Gelatine-Saft-Mischung unter die Quarkmasse rühren. 5 Minuten warten, bis die Masse leicht anzieht, dann die Quarkmasse leicht kuppelförmig auf den Mürbeteig-Obstboden streichen.

3 Für den Belag die Johannisbeeren waschen, von den Rispen streifen und die Torte damit kuppelförmig dicht bedecken.

4 Den Guss aus Tortengusspulver, Zucker, Johannisbeersaft und Likör nach Packungsanleitung zubereiten und mit Hilfe eines Esslöffels großzügig über die Johannisbeeren verteilen. Die Torte 1 Stunde kalt stellen.

Tipp:

Besonders gut schmeckt die Torte, wenn sie richtig durchgezogen ist. Statt Likör können Sie für Kinder auch Johannisbeersaft verwenden.

Heidelbeer-Ricotta-Torte

Zubereitungszeit: 35 Min., ohne Kühlzeit

Insgesamt:
E: 53 g, F: 282 g, Kh: 228 g, kJ: 15929, kcal: 3808

Für den Boden:

- **100 g Zwieback**
- **100 g Butter**
- **1 Pck. geriebene Zitronenschale**

Für die Füllung:

- **6 Blatt weiße Gelatine**
- **250 g Ricotta (ital. Frischkäse)**
- **250 g Heidelbeeren**
- **75 g Zucker**
- **1 Msp. geriebene Muskatnuss**
- **200 ml Schlagsahne**

Zum Einstreichen:

- **300 ml Schlagsahne**
- **1 Pck. Sahnesteif**
- **1 TL Zucker**

Zum Bestäuben:

- **etwas geriebene Muskatnuss**

1 Für den Boden den Zwieback in einen Gefrierbeutel geben und mit einer Teigrolle fein zerbröseln.

2 Die Butter in einem Topf schmelzen, Zitronenschale und Zwiebackbrösel gut unterrühren. Die Masse in einer Springform (Ø 20 cm, gefettet, mit Backpapier ausgelegt) zu einem glatten Boden andrücken.

3 Für die Füllung die Gelatine nach Packungsanleitung einweichen und auflösen. Den Ricotta mit den Heidelbeeren pürieren. Zuerst Zucker und Muskat, dann die Gelatine unterrühren. Die Masse so lange kalt stellen, bis sie anfängt zu gelieren. Die Sahne steif schlagen, unterheben, alles in die Springform füllen und glatt streichen. Die Torte 3 Stunden kalt stellen.

4 Zum Einstreichen die Sahne mit Sahnesteif und Zucker steif schlagen, 2 Esslöffel zum Verzieren zurücklassen. Die Torte aus der Form lösen und Rand und Oberfläche mit Sahne einstreichen. Die zurückgelassene Sahne mit der runden Seite eines Teelöffels wellenförmig auf der Torte verteilen und mit etwas Muskat bestäubt servieren.

Himmlische Himbeer-Charlotte

Zubereitungszeit:
etwa 25 Min., ohne Kühlzeit

Insgesamt:
E: 49 g, F: 274 g, Kh: 270 g,
kJ: 16230, kcal: 3883

- **2 helle Biskuitrollen mit Himbeer-Creme-Füllung (fertig gekauft)**

Für die Füllung:

- **8 Blatt weiße Gelatine**
- **300 g Naturjoghurt**
- **75 g gesiebter Puderzucker**
- **50 ml Zitronensaft**
- **500 ml (1/2 l) Schlagsahne**
- **2 Dosen Himbeeren (Abtropfgewicht à 145 g)**

Zum Verzieren:

- **200 ml Schlagsahne**
- **1 TL Zucker**
- **etwas Himbeerkonfitüre**

1 Biskuitrollen in etwa 1 cm dicke Scheiben schneiden. Eine runde, kuppelförmige Schüssel (etwa 3 Liter Inhalt, mit Klarsichtfolie ausgelegt) mit etwa 2/3 der Biskuitrollenscheiben auslegen.

2 Für die Füllung Gelatine nach Packungsanleitung einweichen. Joghurt, Puderzucker und Zitronensaft in einer Schüssel verrühren. Gelatine leicht ausdrücken, auflösen, etwas von der Joghurtmasse unterrühren. Dann Gelatinemischung unter die restliche Joghurtmasse rühren. Sahne steif schlagen und unterheben. Zuletzt die gut abgetropften Himbeeren unterheben.

3 Masse in die mit Biskuitrollenscheiben ausgelegte Schüssel füllen, glatt streichen und mit den restlichen Biskuitrollenscheiben belegen, andrücken. Etwa 2 Stunden kalt stellen.

4 Torte auf eine Tortenplatte stürzen, Folie abziehen.

5 Zum Verzieren Sahne mit Zucker steif schlagen, in einen Spritzbeutel mit Lochtülle füllen, Spiralen an den unteren Tortenrand spritzen.

6 Himbeerkonfitüre durch ein Sieb streichen, in einen Gefrierbeutel füllen, eine kleine Spitze abschneiden und die Sahnespiralen mit der Konfitüre besprenkeln.

Tipp:

Kuppel rundherum mit Sahne, frischen Himbeeren und Zitronenmelisse verzieren.
Anstelle der Dosenfrüchte können auch frische oder TK-Himbeeren verwendet werden.
Die Sahnemasse kann anstelle des Zitronensafts auch mit Himbeergeist zubereitet werden.

Eierlikör-Pflaumen-Torte

Zubereitungszeit: 45 Min., ohne Kühlzeit

Insgesamt:
E: 58 g, F: 213 g, Kh: 470 g, kJ: 17780, kcal: 4247

- **2 Lagen von 1 dunklen Wiener Boden (fertig gekauft)**

Für den Belag:

- **500 g Pflaumen**
- **1 Pck. Pudding-Pulver Karamell-Geschmack**
- **400 ml Milch**
- **4 EL Zucker**
- **75 g Knusper Flakes**

Für die Eierlikör-Sahne:

- **600 ml Schlagsahne**
- **3 Pck. Sahnesteif**
- **30 g Zucker**
- **75 ml Eierlikör**

- **50 g Knusper Flakes zum Garnieren**

1 Für den Belag die Pflaumen waschen, entsteinen und in Spalten schneiden (einige zum Garnieren zurücklassen). Die Hälfte der Pflaumen auf dem unteren Biskuitboden verteilen. Den Pudding nach Packungsanleitung – aber mit 400 ml Milch und Zucker – zubereiten, etwas abkühlen lassen und auf die Pflaumen streichen. Die Knusper Flakes auf den Pudding streuen.

2 Für die Eierlikör-Sahne die Sahne mit Sahnesteif und Zucker steif schlagen. Den Eierlikör unterrühren. 3 Esslöffel zum Verzieren in einen Spritzbeutel mit großer Sterntülle füllen. ⅓ der Sahne auf den Knusper Flakes-Boden streichen, mit den übrigen Pflaumen belegen und mit dem oberen Biskuitboden bedecken.

3 Die Torte mit der restlichen Eierlikör-Sahne einstreichen. Mit Sahnetuffs, den zurückgelassenen Pflaumen und Knusper Flakes garnieren. 1–2 Stunden kalt stellen.

Tipp:
Sie können auch selbst einen Biskuitboden backen. Für den Teig 3 Eier mit Handrührgerät mit Rührbesen auf höchster Stufe in 1 Minute schaumig schlagen. 150 g gesiebten Puderzucker und 1 Pck. Bourbon-Vanille-Zucker mischen, in 1 Minute einstreuen, dann noch etwa 2 Minuten schlagen. 75 g Weizenmehl mit 75 g Speisestärke, 10 g Kakaopulver und 3 gestr. TL Backpulver mischen, die Hälfte davon auf die Eiercreme sieben, kurz auf niedrigster Stufe unterrühren, den Rest des Mehlgemisches auf die gleiche Art unterarbeiten. Zuletzt 150 ml Speiseöl und 150 ml Eierlikör unterrühren. Den Teig in eine Springform (Ø 26 cm, Boden gefettet, mit Backpapier belegt) füllen und bei etwa 180 °C (Ober-/Unterhitze, vorgeheizt) oder Stufe 3 (Gas, vorgeheizt) etwa 40 Minuten backen. Den Boden auf einen mit Backpapier belegten Kuchenrost stürzen, erkalten lassen.

Frankfurter Blitz-Kranz

Zubereitungszeit:
etwa 25 Min.

Insgesamt:
E: 63 g, F: 344 g, Kh: 432 g,
kJ: 22356, kcal: 5339

- **1 heller Kranzkuchen (500 g, fertig gekauft)**

Für die Buttercreme:

- **250 g weiche Butter**
- **1 Becher (500 g) Vanille-Pudding**

Zum Tränken:

- **2 EL Rum**
- **2 EL Wasser**

Zum Bestreichen und Bestreuen:

- **3 EL Johannisbeergelee**
- **1 Pck. Haselnusskrokant (100 g)**

1 Den Kranzkuchen zweimal waagerecht durchschneiden.

2 Für die Buttercreme Butter in eine Rührschüssel geben und mit Handrührgerät mit Rührbesen auf höchster Stufe geschmeidig rühren, dann den Pudding esslöffelweise nach und nach unterrühren. Fertige Buttercreme nicht kalt stellen! 1–2 Esslöffel Buttercreme zum Verzieren zurücklassen.

3 Zum Tränken Rum und Wasser verrühren. Unteren Gebäckring auf eine Tortenplatte legen, mit Hilfe eines Pinsels mit der Hälfte der Rum-Wasser-Mischung tränken.

4 1/3 der Buttercreme vorsichtig aufstreichen, mit zweitem Ring bedecken, andrücken und ebenfalls tränken. Gelee glatt rühren und darauf streichen.

5 Die Hälfte der restlichen Buttercreme auf den mittleren Ring streichen, mit oberem Ring bedecken, leicht andrücken. Den Kranz rundherum mit der restlichen Buttercreme einstreichen, Krokant aufstreuen und leicht andrücken, den Kranz kalt stellen.

6 Zurückgelassene Buttercreme in einen Spritzbeutel mit kleiner Sterntülle füllen und Rosetten auf den Kranz spritzen.

Variante:

Wenn Sie es nicht so eilig haben, können Sie auch selbst einen Kranzkuchen backen. Dazu 100 g Butter oder Margarine mit Handrührgerät mit Rührbesen auf höchster Stufe geschmeidig rühren, nach und nach 150 g Zucker, 1 Päckchen Vanillin-Zucker, 4 Tropfen Zitronen-Aroma oder 1/2 Fläschchen Rum-Aroma und 1 Prise Salz unterrühren, so lange rühren, bis eine gebundene Masse entstanden ist. 3 Eier (Größe M) nach und nach unterrühren (jedes Ei etwa 1/2 Minute). 150 g Weizenmehl mit 50 g Speisestärke und 2 gestrichenen Teelöffeln Backpulver mischen, sieben und portionsweise auf mittlerer Stufe unterrühren. Den Teig in eine gefettete Kranzform (Ø 20 cm) füllen und bei etwa 180 °C (Ober-/Unterhitze, vorgeheizt) oder etwa 160 °C (Heißluft, nicht vorgeheizt) oder Stufe 2–3 (Gas, nicht vorgeheizt) 35–45 Minuten backen. Den Kranz 10 Minuten in der Form stehen lassen, dann stürzen, erkalten lassen und wie oben angegeben weiterverarbeiten.

Tipp:

Damit die Buttercreme gelingt, müssen Butter und Pudding Zimmertemperatur haben. Sollte sie dennoch gerinnen, etwas Butter zerlassen und langsam unter die Creme schlagen. Klassischer wird der Kranz, wenn Sie das Gelee auf den unteren Ring streichen.

Mr. Cool-Iglu-Eistorte

Zubereitungszeit: 20 Min., ohne Kühlzeit

Insgesamt:
E: 39 g, F: 140 g, Kh: 338 g, kJ: 12736, kcal: 3036

- **150 g Eiskonfekt (z. B. „Mister Cool" von Friedel)**
- **2 Karlsbader Oblaten (Ø etwa 20 cm)**
- **1500 ml Vanille-Eiscreme**

Zum Verzieren:

- **50 g Eiskonfekt**

1 50 g des Eiskonfekts in einem kleinen Topf im Wasserbad bei schwacher Hitze geschmeidig rühren, mit der Hälfte davon eine Oblate bestreichen, zweite Oblate auflegen, andrücken und mit dem restlichen geschmolzenen Eiskonfekt bestreichen. Trocknen lassen.

2 Restliches Eiskonfekt hacken. Eiscreme antauen lassen und Eiskonfekt unter das Eis rühren. Das Eis in eine mit Frischhaltefolie ausgelegte kleinere Glasschale (Ø etwa 20 cm, etwa 1,5 l Inhalt) füllen und dabei fest andrücken.

3 Oblaten mit der Schokoladenseite nach innen auf das Eis legen, leicht andrücken und für mindestens 2 Stunden ins Gefrierfach stellen.

4 Eistorte stürzen und z. B. mit Hilfe eines Teelöffelstiels „Iglu-Bausteine" auf der Oberfläche einzeichnen. Zum Verzieren Eiskonfekt in einem kleinen Topf im Wasserbad bei schwacher Hitze geschmeidig rühren, in einen Gefrierbeutel füllen, eine kleine Ecke abschneiden und Tür und Bausteine des Iglus damit nachzeichnen.

Tipp:
Bereiten Sie das Iglu doch einmal aus Erdbeereis zu.

Schokobiskuitrollentorte

Zubereitungszeit: 25 Min., ohne Kühlzeit

Insgesamt:
E: 58 g, F: 128 g, Kh: 268 g, kJ: 10834, kcal: 2585

- **2 dunkle Biskuitrollen mit Schokolade-Cremefüllung (à 300 g), fertig gekauft**

Für die Füllung:

- **1 Dose Mandarinen (Abtropfgewicht 175 g)**
- **1 Pck. Tortencreme Mousse au chocolat**
- **400 ml Milch**
- **250 ml (1/4 l) Schlagsahne**

1 Biskuitrollen in den Kühlschrank legen, Mandarinen gut abtropfen lassen. Springformrand (Ø 26 cm) oder Tortenring auf eine Tortenplatte stellen.

2 Biskuitrollen in 1 cm dünne Scheiben schneiden (je Rolle etwa 13 Stück). Erst Rand, dann Boden damit dicht auslegen.

3 Tortencreme nach Anleitung zubereiten. Erst 1/3 der Schokosahne auf den Biskuitrollenboden geben, die Mandarinen darauf verteilen und dann die restliche Sahne darauf geben, glatt streichen. Restliche Scheiben dicht aneinander darauf legen. Torte 2 Stunden kalt stellen.

Ostfriesentorte

Zubereitungszeit: 35 Min.

Insgesamt:
E: 45 g, F: 203 g, Kh: 394 g, kJ: 16302, kcal: 3896

- **1 heller Wiener Boden vom Bäcker (Ø 26 cm)**

Zum Tränken:

- **100 ml Rum**

Für die Füllung:

- **600 ml Schlagsahne**
- **2 Pck. Sahnesteif**
- **2 Pck. Vanillin-Zucker**
- **125 g Rum-Rosinen**

Zum Bestreuen:

- **25 g Rosinen**

1 Den Wiener Boden zweimal durchschneiden. Unteren und mittleren Boden mit dem Rum tränken.

2 Für die Füllung Sahne mit Sahnesteif und Vanillin-Zucker steif schlagen. Unter 2/3 der Sahne die Rum-Rosinen heben.

3 Unteren Boden auf eine Tortenplatte legen und die Hälfte der Rosinensahne aufstreichen. Mittleren Boden auflegen und die restliche Rosinensahne darauf verstreichen. Dritten Boden auflegen und leicht andrücken.

4 Rand und obere Seite der Torte mit der restlichen Sahne bestreichen. Mit Hilfe eines Esslöffels Vertiefungen in die Oberfläche drücken und mit Rosinen bestreuen. Torte bis zum Verzehr kalt stellen.

Variante

Sie können auch selbst einen Wiener Boden zubereiten. Dazu 4 Eier (Größe M) und 2 Esslöffel heißes Wasser mit Handrührgerät mit Rührbesen auf höchster Stufe in 1 Minute schaumig schlagen. 150 g Zucker und 1 Päckchen Vanillin-Zucker mischen, in 1 Minute einstreuen, dann noch etwa 2 Minuten schlagen. 100 g Weizenmehl mit 100 g Speisestärke und 2 gestrichenen Teelöffeln Backpulver mischen., die Hälfte davon auf die Eiercreme sieben, kurz auf niedrigster Stufe unterrühren, den Rest des Mehlgemisches auf die gleiche Art unterarbeiten. Zuletzt vorsichtig 60 g zerlassene, abgekühlte Butter unterrühren. Den Teig in eine Springform (Ø 26 cm, Boden gefettet, mit Backpapier belegt) füllen, sofort bei etwa 180 °C (Ober/Unterhitze, vorgeheizt) oder etwa Stufe 3 (Gas, vorgeheizt) etwa 30 Minuten backen. Nach dem Backen den Boden auf einen mit Backpapier belegten Kuchenrost stürzen, das mitgebackene Papier abziehen und erkalten lassen. Dann den Boden wie im Rezept angegeben weiterverarbeiten.

Kuchen, Schnitten, Rollen und Torten – da läuft Ihnen ganz schnell das Wasser im Munde zusammen.

Rasante Bleche & flotte Torten

Fruchtiger Maulwurfshügel

Zubereitungszeit: 25 Min.
Backzeit: etwa 25 Min.

Insgesamt:
E: 50 g, F: 127 g, Kh: 228 g, kJ: 9778, kcal: 2338

Für den Biskuitteig:

- **3 Eier (Größe M)**
- **1 Pck. Vanillin-Zucker**
- **2 EL warmes Wasser**
- **100 g flüssiger Honig**
- **75 g Weizenmehl**
- **1 gestr. TL Backpulver**
- **1 EL Kakaopulver**
- **50 g abgezogene, gemahlene Mandeln**

Für die Füllung:

- **1 kleine Dose Fruchtcocktail (Abtropfgewicht 250 g)**
- **250 ml (1/4 l) Schlagsahne**
- **1 Pck. Sahnesteif**
- **1 Pck. Vanillin-Zucker**
- **2 EL Fruchtcocktail-Saft**

1 Eier trennen, Eiweiß mit Vanillin-Zucker steif schlagen. Eigelb mit Wasser und Honig cremig schlagen.

2 Mehl mit Backpulver und Kakao mischen, sieben und mit den Mandeln unter die Eigelbmasse rühren. Eischnee unterheben. Masse in eine kleine Springform (Ø 22 cm, Boden gefettet, mit Backpapier belegt) füllen, glatt streichen und auf dem Rost in den Backofen schieben.

Ober-/Unterhitze:
etwa 200 °C (vorgeheizt)
Heißluft: etwa 180 °C (vorgeheizt)
Gas: Stufe 3–4 (vorgeheizt)
Backzeit: etwa 25 Min.

3 Nach dem Backen den Boden aus der Form lösen und auf einem Kuchenrost erkalten lassen.

(Fortsetzung Seite 7

4 Für die Füllung den Fruchtcocktail gut abtropfen lassen, Saft dabei auffangen. Backpapier vom Boden entfernen und den Boden in der Mitte etwa 2 cm tief aushöhlen, dabei einen Rand von 1–2 cm stehen lassen. Die Brösel fein zerkrümeln.

5 Die Sahne mit dem Sahnesteif und dem Vanillin-Zucker steif schlagen, 2 Esslöffel Saft kurz unterrühren. Die Hälfte der Krümel unter die Sahne heben.

6 Den Fruchtcocktail in den ausgehöhlten Boden geben und die Sahnemasse darüber zu einem Hügel häufen. Die restlichen Brösel auf den Hügel streuen und leicht andrücken.

Tipp:

Den Boden können Sie auch schnell am Vortag backen – spart Wartezeiten. Oder: Einen dunklen, kleinen Biskuitboden vom Bäcker kaufen.

Ritter-Rum-Torte

Zubereitungszeit: 20 Min.
Backzeit: etwa 25 Min.

Insgesamt:
E: 57 g, F: 232 g, Kh: 280 g, kJ: 15216, kcal: 3637

Für den Rührteig:
- **75 g weiche Butter oder Margarine**
- **100 g Zucker**
- **1 Pck. Vanillin-Zucker**
- **1 Prise Salz**
- **4 Eier (Größe M)**
- **150 g Weizenmehl**
- **3 gestr. TL Backpulver**
- **1 EL Kakaopulver**
- **2 EL Rum**
- **4 Ritter RUM „Knusperstücke"**

Für die Glasur:
- **1 Pck. (150 g) Kuchenglasur, dunkel**

Zum Garnieren:
- **8 Ritter RUM „Knusperstücke"**

1 Für den Teig Butter oder Margarine mit Handrührgerät mit Rührbesen auf höchster Stufe geschmeidig rühren. Zucker, Vanillin-Zucker und Salz unterrühren, so lange rühren, bis eine gebundene Masse entstanden ist. Eier nach und nach unterrühren (jedes Ei etwa ½ Minute).

2 Das Mehl mit Backpulver und Kakaopulver mischen, sieben und portionsweise auf mittlerer Stufe unterrühren. Zuletzt den Rum unterrühren. Den gefetteten Boden einer Springform (Ø 26 cm) mit etwas Teig bedecken.

3 Die Ritter RUM „Knusperstücke" halbieren, gleichmäßig auf dem Teig verteilen und den restlichen Teig darüber geben. Die Form auf dem Rost in den Backofen schieben.

Ober-/Unterhitze: etwa 180 °C (vorgeheizt)
Heißluft: etwa 160 °C (vorgeheizt)
Gas: etwa Stufe 3 (vorgeheizt)
Backzeit: etwa 25 Min.

4 Den Kuchen aus der Form lösen und auf einem Kuchenrost erkalten lassen.

5 Kuchenglasur in einem Topf im Wasserbad bei schwacher Hitze geschmeidig rühren und mit einem Messer über dem Kuchen verstreichen.

6 Zum Garnieren die Ritter RUM „Knusperstücke" diagonal durchschneiden und auf die noch feuchte Glasur setzen. Torte kalt stellen.

Sunshine-Torte

Zubereitungszeit: 20 Min., ohne Kühlzeit
Backzeit: 15–20 Min.

Insgesamt:
E: 50 g, F: 259 g, Kh: 375 g, kJ: 17399, kcal: 4159

Für den All-in-Teig:
- **100 g Weizenmehl**
- **2 gestr. TL Backpulver**
- **100 g Zucker**
- **1 Pck. Vanillin-Zucker**
- **3 Eier (Größe M)**
- **100 g Butter oder Margarine**

Für den Belag:
- **1 Dose Pfirsichhälften (Abtropfgewicht 500 g)**
- **500 ml (1/2 l) Schlagsahne**
- **1 Pck. Sahnesteif**
- **1 Pck. Vanillin-Zucker**

Für den Guss:
- **275 ml Pfirsich-Maracujasaft oder Multivitaminsaft**
- **1 Pck. Galetta Vanille-Cremepulver**
- **1 Pck. Saucenpulver Vanille-Geschmack ohne Kochen**

1 Für den Teig Mehl und Backpulver mischen, in eine Rührschüssel sieben. Restliche Zutaten hinzufügen und mit Handrührgerät mit Rührbesen in etwa 1 Minute schaumig rühren. Den Teig in eine Springform (Ø 26 cm, Boden gefettet, mit Backpapier belegt) füllen, glatt streichen. Die Form auf dem Rost in den Backofen schieben.

Ober-/Unterhitze:
etwa 200 °C (vorgeheizt)
Heißluft: etwa 180 °C (vorgeheizt)
Gas: Stufe 3–4 (vorgeheizt)
Backzeit: 15–20 Min.

2 Den Boden aus der Form lösen, auf einen mit Backpapier belegten Kuchenrost stürzen. Backpapier entfernen und Boden erkalten lassen.

3 Für den Belag die Pfirsiche sehr gut abtropfen lassen und dann in kleine Stückchen schneiden. Sahne mit Sahnesteif und Vanillin-Zucker steif schlagen. Pfirsichstücke unterheben.

4 Die Creme kuppelartig auf den Boden streichen und kalt stellen.

5 Für den Guss Saft, Cremepulver und Saucenpulver nach Packungsanleitung – aber nur mit 275 ml Saft – mit dem Schneebesen gut verrühren, 5 Minuten stehen lassen, über die Sahnekuppel geben und nochmals kalt stellen.

Tipp:
Sie können auch den Saft der abgetropften Pfirsiche nehmen, allerdings ist Pfirsich-Maracujasaft oder Multivitaminsaft kräftiger in der Farbe und aromatischer.
Nach Belieben den Tortenrand mit gebräunten Mandelblättchen garnieren.

Mini-Windbeutel-Torte

Zubereitungszeit: 20 Min., ohne Kühlzeit
Backzeit: etwa 15 Min.

Insgesamt:
E: 53 g, F: 271 g, Kh: 343 g, kJ: 17376, kcal: 4154

Für die Schokosahne:
- **400 ml Schlagsahne**
- **100 g Vollmilchschokolade**
- **2 Pck. Sahnesteif**

Für den Knetteig:
- **150 g Weizenmehl**
- **½ gestr. TL Backpulver**
- **75 g Zucker**
- **1 Pck. Vanillin-Zucker**
- **1 Prise Salz**
- **1 Ei (Größe M)**
- **75 g weiche Butter oder Margarine**

Zum Bestreichen:
- **2 EL Himbeerkonfitüre**

Für den Belag:
- **18 TK-Mini-Windbeutel**

Zum Bestäuben:
- **1 TL Puderzucker**
- **1 TL Kakaopulver**

1 Für die Schokosahne die Sahne zum Kochen bringen und die zerkleinerte Schokolade unter Rühren darin auflösen. Zugedeckt kalt stellen (am besten über Nacht).

2 Für den Teig Mehl mit Backpulver mischen, in eine Rührschüssel sieben. Zucker, Vanillin-Zucker, Salz, Ei und Butter oder Margarine hinzufügen. Die Zutaten mit Handrührgerät mit Knethaken zunächst kurz auf niedrigster, dann auf höchster Stufe gut durcharbeiten.

3 Anschließend auf einer bemehlten Arbeitsfläche zu einem glatten Teig verkneten. Sollte er kleben, ihn eine Zeit lang kalt stellen. Den Teig auf einem gefetteten Springformboden (Ø 26 cm) ausrollen und mehrmals mit einer Gabel einstechen. Springformrand um den Boden legen. Die Form auf dem Rost in den Backofen schieben.

Ober-/Unterhitze: etwa 200 °C (vorgeheizt)
Heißluft: etwa 180 °C (vorgeheizt)
Gas: Stufe 3–4 (vorgeheizt)
Backzeit: etwa 15 Min.

4 Den Knetteigboden sofort nach dem Backen vom Springformboden lösen, aber erst nach dem Erkalten auf eine Tortenplatte legen. Mit Himbeerkonfitüre bestreichen.

5 Für den Belag die Mini-Windbeutel dicht aneinander auf den Rand des Knetteigbodens setzen.

6 Schokosahne mit Sahnesteif steif schlagen, in einen Spritzbeutel mit großer Lochtülle füllen und hohe und breite Tuffs dicht aneinander auf den Boden innerhalb des Mini-Windbeutel-Rings spritzen. Torte etwa 1 Stunde kalt stellen.

7 Vor dem Servieren Mini-Windbeutel mit Puderzucker und die Schokosahne mit Kakaopulver bestäuben.

Tipp:
Anstelle der Vollmilchschokolade Zartbitterschokolade verwenden und die Sahne zusätzlich mit etwas Rum abschmecken.
Schneller geht es mit der Schokosahne, wenn nur 200 ml der Sahne aufgekocht werden, darin die Schokolade aufgelöst wird und dann die restliche Sahne zugefügt wird. Dann muss die Sahne nur noch etwa 2 Stunden kalt gestellt werden.

Schnelle Makronentorte

Zubereitungszeit: 20 Min.
Backzeit: 20–25 Min.

Insgesamt:
E: 115 g, F: 408 g, Kh: 322 g,
kJ: 23958, kcal: 5722

Für den Boden:
- **250 g abgezogene, gemahlene Mandeln**
- **60 g zerlassene Butter**
- **400 g Marzipan-Rohmasse**
- **1 Ei (Größe M)**

Für den Belag:
- **1 Glas Sauerkirschen (Abtropfgewicht 370 g)**
- **1 Pck. Pudding-Pulver Vanille-Geschmack**
- **1 EL Zucker**
- **250 ml (1/4 l) Schlagsahne**
- **1 Pck. Bourbon-Vanille-Zucker**

1 Für den Boden die Mandeln in einer Pfanne ohne Fett hellbraun rösten, in eine Schüssel geben, mit Butter verkneten. Die Masse auf dem Boden einer Springform (Ø 24 cm) verteilen.

2 Die Marzipan-Rohmasse klein schneiden, das Ei mit Handrührgerät mit Rührbesen unterrühren, so lange rühren, bis die Masse geschmeidig wird. Mit Hilfe eines Spritzbeutels mit Sterntülle ein grobes Gitter auf den Mandelboden spritzen. Die Form auf dem Rost in den Backofen schieben.

Ober-/Unterhitze:
etwa 170 °C (vorgeheizt)
Heißluft: etwa 150 °C (vorgeheizt)
Gas: Stufe 2–3 (vorgeheizt)
Backzeit: 20–25 Min.

3 Den Boden aus der Form lösen und auf einem Kuchenrost erkalten lassen.

4 Für den Belag die Sauerkirschen abtropfen lassen, den Saft dabei auffangen. Pudding-Pulver mit Zucker und 3 Esslöffeln des Saftes verrühren. Die restliche Flüssigkeit aufkochen, angerührtes Pudding-Pulver zugeben, unter Rühren aufkochen lassen. Die Kirschen unterheben, Masse etwas abkühlen lassen und auf dem Boden verteilen.

5 Sahne mit Bourbon-Vanille-Zucker steif schlagen, in einen Spritzbeutel mit großer Lochtülle füllen und die Makronentorte damit verzieren. Kalt stellen.

Tipp:
Diese Torte schmeckt auch gut als Dessert.

Macadamia-Mango-Tarte

Zubereitungszeit: 20 Min.
Backzeit: etwa 15 Min.

Insgesamt:
E: 35 g, F: 167 g, Kh: 275 g, kJ: 11912, kcal: 2846

Für den Knetteig:

- **75 g Macadamianüsse, gesalzen**
- **150 g Weizenmehl**
- **1 Msp. Backpulver**
- **50 g Zucker**
- **1 Pck. Vanillin-Zucker**
- **100 g Butter oder Margarine**

Für den Belag:

- **2 reife Mangos**
- **1 Pck. Tortenguss, klar**
- **50 ml Zitronensaft**
- **200 ml Wasser**
- **25 g Zucker**
- **50 g Macadamianüsse**

1 Macadamianüsse unter fließendem kaltem Wasser abspülen, mit Küchenpapier trockenreiben, dann 75 g davon fein hacken.

2 Für den Teig Mehl mit Backpulver mischen und in eine Rührschüssel sieben. Zucker, Vanillin-Zucker, Butter oder Margarine hinzugeben und mit Handrührgerät mit Knethaken zunächst kurz auf niedrigster, dann auf höchster Stufe gut durcharbeiten. Zuletzt die Macadamianüsse unter den Teig kneten.

3 Anschließend den Teig auf einer bemehlten Arbeitsfläche zu einem glatten Teig verkneten, sollte er kleben, ihn eine Zeit lang kalt stellen. Den Teig auf leicht bemehlter Arbeitsfläche zu einer Platte (Ø 30 cm) ausrollen und eine gefettete Tarteform (Ø 28 cm) damit auslegen, mehrmals mit einer Gabel einstechen. Die Form auf dem Rost in den Backofen schieben.

Ober-/Unterhitze:
etwa 200 °C (vorgeheizt)
Heißluft: etwa 180 °C (vorgeheizt)
Gas: Stufe 3–4 (vorgeheizt)
Backzeit: etwa 15 Min.

4 Knetteigboden in der Form auf einem Kuchenrost erkalten lassen. Für den Belag Mangos schälen, Fruchtfleisch vom Stein lösen, in dünne Spalten schneiden und kranzförmig auf den Knetteigboden legen.

5 Aus Tortenguss, Saft, Wasser und Zucker nach Packungsanleitung einen Guss zubereiten, auf das Obst verteilen, grob gehackte Nüsse aufstreuen und den Guss fest werden lassen.

Tipp:
Macadamianüsse werden in sehr unterschiedlichen Preisklassen angeboten – vergleichen lohnt sich.
Anstelle der Mangospalten Orangenfilets von 8 Orangen verwenden, dann den Guss mit Orangensaft und Wasser zubereiten.
Macadamianüsse zum Garnieren erst in einer Pfanne ohne Fett mit 1/2 Teelöffel Zucker unter Rühren anrösten.

Sweet-Dreams-Torte

Zubereitungszeit: 35 Min., ohne Kühlzeit
Backzeit: etwa 15 Min.

Insgesamt:
E: 47 g, F: 249 g, Kh: 374 g, kJ: 17022, kcal: 4068

Für den Knetteig:

- **150 g Weizenmehl**
- **½ gestr. TL Backpulver**
- **15 g Kakaopulver**
- **75 g Zucker**
- **1 Pck. Vanillin-Zucker**
- **1 Ei (Größe M)**
- **75 g Butter**
- **50 g gehobelte Mandeln**

Für die Füllung:

- **1 Pck. Galetta Vanille-Cremepulver**
- **500 ml (½ l) Schlagsahne**

Für den Belag:

- **250 g frische Himbeeren**
- **250 g frische Süßkirschen**
- **1 Pck. Tortenguss, klar**
- **2 EL Zucker**
- **250 ml (¼ l) Wasser**

1 Für den Teig Mehl mit Backpulver und Kakao mischen und in eine Rührschüssel sieben. Restliche Zutaten hinzugeben und mit Handrührgerät mit Knethaken zunächst auf niedrigster, dann auf höchster Stufe gut durcharbeiten.

2 Teig auf einer bemehlten Arbeitsfläche zu einem glatten Teig verkneten. Sollte der Teig kleben, ihn in Folie gewickelt eine Zeit lang kalt stellen.

3 ⅔ des Teiges auf dem gefetteten Boden einer Springform (Ø 26 cm) ausrollen und den Springformrand darumstellen. Den übrigen Teig zu einer Rolle formen, als Rand auf den Boden legen und so an die Form drücken, dass ein etwa 3 cm hoher Rand entsteht. Den Boden mehrmals mit einer Gabel einstechen. Die Springform auf dem Rost in den Backofen schieben.

Ober-/Unterhitze: etwa 200 °C (vorgeheizt)
Heißluft: etwa 180 °C (vorgeheizt)
Gas: Stufe 3–4 (vorgeheizt)
Backzeit: etwa 15 Min.

4 Nach dem Backen den Boden aus der Form lösen und auf einem Kuchenrost erkalten lassen.

5 Für die Füllung Galetta nach Packungsanleitung – aber nur mit Sahne – zubereiten und auf den Boden streichen.

6 Für den Belag die Himbeeren verlesen, die Kirschen waschen, trockentupfen und entsteinen. Früchte auf der Füllung verteilen. Tortenguss nach Packungsanleitung zubereiten und über das Obst geben. Die Torte bis zum Verzehr kalt stellen.

Tipp:
Bereiten Sie die Torte mit Galetta Schokoladen-Cremepulver und Bananen zu.
Sie können auch 250 g TK-Himbeeren und 200 g TK-Kirschen verwenden.

Kringelkuchen

Zubereitungszeit: 20 Min.
Backzeit: etwa 35 Min.

Insgesamt:
E: 82 g, F: 80 g, Kh: 312 g,
kJ: 9522, kcal: 2275

Für den Streuselteig:
- **150 g Weizenmehl**
- **1 Msp. Backpulver**
- **50 g Zucker**
- **1 Pck. Vanillin-Zucker**
- **1 Msp. gemahlener Zimt**
- **100 g Butter oder Margarine**

Für die Quarkfüllung:
- **250 g Sahnequark**
- **1 Ei (Größe M)**
- **1 TL Zitronensaft**
- **2 Pck. Vanillin-Zucker**
- **1 geh. TL Speisestärke**

Für die Mohnfüllung:
- **1 Pck. (250 g) Mohnback**
- **1 Ei (Größe M)**

1 Für den Teig Mehl und Backpulver mischen, in eine Rührschüssel sieben. Restliche Zutaten dazugeben und mit Handrührgerät mit Rührbesen zu feinen Streuseln verarbeiten.

2 ⅔ der Streusel auf dem gefetteten Boden einer Springform (Ø 26 cm) verteilen und zu einem Boden festdrücken.

3 Für die Quarkfüllung den Quark mit Ei, Zitronensaft, Vanillin-Zucker und Speisestärke verrühren, in einen Spritzbeutel mit Lochtülle füllen, einen Punkt in die Mitte sowie 2 flache Ringe spritzen, dabei am Springformrand 1 cm frei lassen.

4 Für die Mohnfüllung Mohnback mit dem Ei verrühren. Die Masse ebenfalls in einen Spritzbeutel mit Lochtülle füllen und 2 flache Ringe zwischen die Quarkringe spritzen oder die Masse mit einem Esslöffel zwischen den Quarkringen verteilen.

5 Die restlichen Streusel an den Rand und über die Füllungen streuen, die Form auf dem Rost in den Backofen schieben.

Ober-/Unterhitze:
etwa 200 °C (vorgeheizt)
Heißluft: etwa 180 °C
(nicht vorgeheizt)
Gas: Stufe 3–4 (nicht vorgeheizt)
Backzeit: etwa 35 Min.

Tipp:
Sie können der Mohnmasse nach Belieben noch 50 g Rosinen zufügen, dann die Mohnmasse mit einem Esslöffel verteilen.

Picasso-Rolle

Zubereitungszeit: 15 Min.
Backzeit: etwa 12 Min.

Insgesamt:
E: 50 g, F: 32 g, Kh: 587 g,
kJ: 12239, kcal: 2922

Für den Biskuitteig:

- **4 Eier (Größe M)**
- **5 EL heißes Wasser**
- **150 g Zucker**
- **1 Pck. Vanillin-Zucker**
- **100 g Weizenmehl**
- **50 g Speisestärke**
- **1 gestr. TL Backpulver**
- **1 EL Kakaopulver**

Für die Füllung:

- **250 g Erdbeerkonfitüre**
- **250 g Kiwikonfitüre**

1 Für den Teig Eier und Wasser mit Handrührgerät mit Rührbesen auf höchster Stufe in 1 Minute schaumig schlagen. Zucker und Vanillin-Zucker mischen, in 1 Minute einstreuen, dann noch etwa 2 Minuten schlagen.

2 Mehl mit Speisestärke und Backpulver mischen, die Hälfte davon auf die Eiercreme sieben, kurz auf niedrigster Stufe unterrühren, den Rest des Mehlgemisches auf die gleiche Art unterarbeiten.

3 2/3 des Teiges gleichmäßig auf ein gefettetes, mit Backpapier belegtes Backblech (30 x 40 cm) streichen, an der offenen Seite des Backbleches das Papier unmittelbar vor dem Teig zur Falte knicken, so dass ein Rand entsteht.

4 Kakaopulver sieben und vorsichtig unter den restlichen Teig rühren. Dunklen Teig in Klecksen auf dem hellen Teig verteilen und mit einer Gabel nach Belieben Muster in den Teig ziehen.
Sofort backen.

Ober-/Unterhitze:
etwa 200 °C (vorgeheizt)
Heißluft: etwa 180 °C (vorgeheizt)
Gas: Stufe 3–4 (vorgeheizt)
Backzeit: etwa 12 Min.

5 Nach dem Backen den Biskuit sofort auf ein mit Zucker bestreutes Backpapier stürzen. Das mitgebackene Backpapier mit kaltem Wasser bestreichen und vorsichtig, aber schnell abziehen.

6 Die Biskuitplatte sofort gleichmäßig mit Konfitüre besteichen (Konfitüre vorher gut durchrühren, evtl. pürieren). Dazu im Wechsel rote und grüne Längsstreifen auf die Biskuitplatte streichen und von der längeren Seite her aufrollen.

Tipp:
Sie können die Rolle nach Belieben auch mit anderen Konfitüren füllen. Oder Sie verwenden Rotweincreme oder eine andere Dessertcreme, dann aber kalt stellen.

Rasante Mandelschnitten

Zubereitungszeit:
30 Min., ohne Kühlzeit
Backzeit: etwa 15 Min.

Insgesamt:
E: 74 g, F: 116 g, Kh: 441 g,
kJ: 13516, kcal: 3228

Für den Biskuitteig:
- **3 Eier (Größe M)**
- **4 EL heißes Wasser**
- **120 g Zucker**
- **1 Pck. Vanillin-Zucker**
- **1 TL geriebene Zitronenschale (unbehandelt)**
- **1 Prise Salz**
- **100 g Weizenmehl**
- **50 g Speisestärke**
- **1 gestr. TL Backpulver**

Für die Füllung:
- **200 ml Milch**
- **100 ml Schlagsahne**
- **1 Pck. Mousse à la Vanille (Dessertpulver)**
- **200 g rotes Johannisbeergelee**

Zum Bestreuen:
- **100 g Mandelblättchen**

Zum Bestäuben:
- **Puderzucker**

1 Für den Teig Eier und Wasser mit Handrührgerät mit Rührbesen auf höchster Stufe in 1 Minute schaumig schlagen. Zucker mit Vanillin-Zucker, Zitronenschale und Salz mischen, in 1 Minute einstreuen, dann noch etwa 2 Minuten schlagen.

2 Mehl mit Speisestärke und Backpulver mischen, die Hälfte davon auf die Eiercreme sieben, kurz auf niedrigster Stufe unterrühren, den Rest des Mehlgemisches auf die gleiche Art unterarbeiten.

3 Den Teig auf ein Backblech (30 x 40 cm, gefettet, mit Backpapier belegt) geben, glatt streichen, sofort in den Backofen schieben und backen.

Ober-/Unterhitze:
etwa 180 °C (vorgeheizt)
Heißluft: etwa 160 °C (vorgeheizt)
Gas: etwa Stufe 3 (vorgeheizt)
Backzeit: etwa 15 Min.

4 Den Biskuit sofort nach dem Backen auf eine Arbeitsplatte stürzen, Backpapier vorsichtig, aber schnell abziehen und die Platte erkalten lassen.

5 Für die Füllung Milch und Sahne in einen mit heißem Wasser ausgespülten hohen Rührbecher geben. Cremepulver zufügen und mit Handrührgerät mit Rührbesen kurz auf niedrigster, dann 3 Minuten auf höchster Stufe cremig schlagen.

6 Platte in der Mitte senkrecht durchschneiden. Biskuithälften umdrehen. Gelee unter Rühren erhitzen. Mandelblättchen in einer Pfanne ohne Fett goldbraun rösten und abkühlen lassen.

7 Beide Biskuithälften mit Gelee bestreichen und mit Mandelblättchen bestreuen. Mousse auf eine Biskuithälfte streichen und die zweite Hälfte mit den Mandeln nach oben auflegen, leicht andrücken. Etwa 1 Stunde kalt stellen.

8 Das Gebäck nach Belieben mit Puderzucker bestäuben und in etwa 24 Stücke teilen.

Tipp:
Die Schnitten lassen sich am besten mit einem elektrischen Messer schneiden.

A-und-O-Kuchen

Zubereitungszeit: 15 Min.
Backzeit: etwa 25 Min.

Insgesamt:
E: 83 g, F: 250 g, Kh: 586 g, kJ: 22498, kcal: 5376

Für den All-in-Teig:

- **300 g Weizenmehl**
- **50 g Speisestärke**
- **1 Pck. Backpulver**
- **250 g Zucker**
- **2 Pck. Vanillin-Zucker**
- **1 Prise Salz**
- **6 Eier (Größe M)**
- **250 g weiche Butter oder Margarine**
- **2 EL Milch**

Für die Tränke:

- **75 ml Apfelsaft**
- **50 ml Calvados**
- **75 ml Orangensaft**
- **50 ml Grand Marnier**

Zum Garnieren:

- **1 Apfel**
- **etwas Zitronensaft**
- **1 Orange**

1 Für den Teig Mehl, Speisestärke und Backpulver mischen und in eine Rührschüssel sieben. Restliche Zutaten hinzufügen und mit Handrührgerät mit Rührbesen auf höchster Stufe etwa 2 Minuten zu einem glatten Teig verarbeiten.

2 Teig auf ein gefettetes Backblech (30 x 40 cm) geben, glatt streichen und in den Backofen schieben.

Ober-/Unterhitze:
etwa 200 °C (vorgeheizt)
Heißluft: etwa 180 °C (vorgeheizt)
Gas: Stufe 3–4 (vorgeheizt)
Backzeit: etwa 25 Min.

3 Sofort nach dem Backen die Kuchenmitte mit einem Messer markieren. Apfelsaft und Calvados mischen und eine Kuchenseite mit Hilfe eines Backpinsels tränken. Orangensaft und Grand Marnier ebenfalls mischen und die andere Kuchenseite damit tränken.

4 Vor dem Servieren die Stücke mit geviertelten Apfel- und Orangenscheiben garnieren, dabei die Apfelscheiben mit Zitronensaft bestreichen.

Tipp:

Für Kinder den Kuchen nur mit 150 ml Apfelsaft und 150 ml Orangensaft tränken.
Der Kuchen kann nach dem Erkalten auch mit einer Puderzuckerglasur überzogen werden, dazu 200 g Puderzucker mit etwa 2 Esslöffeln Wasser anrühren und den Kuchen mit Hilfe eines Pinsels damit bestreichen.

Knuspermüslikuchen

Zubereitungszeit: 15 Min.
Backzeit: etwa 25 Min.

Insgesamt:
E: 115 g, F: 360 g, Kh: 546 g, kJ: 25572, kcal: 6107

Für den All-in-Teig:

- **250 g Weizenmehl**
- **3 TL Backpulver**
- **200 g Zucker**
- **200 g gemahlene Haselnusskerne**
- **1 Msp. gemahlener Zimt**
- **4 Eier (Größe M)**
- **250 g weiche Butter oder Margarine**
- **50 ml Milch**

Für den Belag:

- **1 Glas Apfelkompott (365 g Einwaage)**
- **200 g Knuspermüsli**

Zum Bestreichen:

- **100 g Apfelgelee**
- **1 EL Zucker**
- **1 EL Wasser**

1 Für den Teig Mehl und Backpulver mischen und in eine Rührschüssel sieben. Restliche Zutaten dazugeben und mit Handrührgerät mit Rührbesen auf höchster Stufe etwa 2 Minuten zu einem glatten Teig verarbeiten.

2 Teig auf ein gefettetes Backblech (30 x 40 cm) geben und glatt streichen. Das Apfelkompott darauf verstreichen und das Knuspermüsli gleichmäßig darauf verteilen, das Backblech in den Backofen schieben und backen.

Ober-/Unterhitze:
etwa 180 °C (vorgeheizt)
Heißluft: etwa 160 °C (vorgeheizt)
Gas: etwa Stufe 3 (vorgeheizt)
Backzeit: etwa 25 Min.

3 Nach dem Backen den Kuchen auf dem Backblech auf einem Kuchengitter erkalten lassen. Apfelgelee mit Zucker und Wasser in einem Topf unter Rühren kurz aufkochen lassen und mit Hilfe eines Pinsels den Kuchen damit bestreichen.

Tipp:

Servieren Sie den Kuchen mit Vanillesahne.

Geben Sie statt Milch Rum in den Teig.

Statt Knuspermüsli können Sie nach Belieben auch andere knusprige Frühstückscerealien wie z. B. Knusperhoneys oder Apfel-Zimt-Müsli verwenden.

Pritzelkuchen

Zubereitungszeit: 20 Min.
Backzeit: etwa 25 Min.

Insgesamt:
E: 82 g, F: 244 g, Kh: 507 g, kJ: 19749, kcal: 4719

Für den Rührteig:
- **250 g Butter oder Margarine**
- **200 g Zucker**
- **1 Pck. Vanillin-Zucker**
- **1 Prise Salz**
- **5 Eier (Größe M)**
- **2 Beutel (à 6 g) Brausepulver Orange**
- **350 g Weizenmehl**
- **3 gestr. TL Backpulver**
- **etwa 50 ml Milch**

Zum Tränken:
- **2 Beutel (à 6 g) Brausepulver Orange**
- **200 ml Orangensaft**

Zum Bestreuen:
- **Bunter Knusperpuffreis**

1 Für den Teig Butter oder Margarine mit Handrührgerät mit Rührbesen auf höchster Stufe geschmeidig rühren. Nach und nach Zucker, Vanillin-Zucker und Salz unterrühren. So lange rühren, bis eine gebundene Masse entstanden ist.

2 Eier nach und nach unterrühren (jedes Ei etwa 1/2 Minute). Brausepulver unterrühren. Mehl mit Backpulver mischen, sieben, abwechselnd mit der Milch portionsweise auf mittlerer Stufe unterrühren.

3 Den Teig auf ein gefettetes Backblech (30 x 40 cm) geben, glatt streichen und in den Backofen schieben (mittlere Einschubleiste).

Ober-/Unterhitze: etwa 180 °C (vorgeheizt)
Heißluft: etwa 160 °C (vorgeheizt)
Gas: etwa Stufe 3 (vorgeheizt)
Backzeit: etwa 25 Min.

4 Nach dem Backen den Kuchen 10 Minuten abkühlen lassen. Zum Tränken das Brausepulver mit dem Saft verrrühren. Den Kuchen mit Hilfe eines Pinsels mit dem angerührten Brausepulver gleichmäßig tränken und mit dem Knusperpuffreis bestreuen.

Tipp:
Der Pritzelkuchen kann auch mit anderen Brausepulver-Geschmacksrichtungen zubereitet werden.

Tiramisu-Schnitten

Zubereitungszeit: 30 Min.
Backzeit: etwa 12 Min.

Insgesamt:
E: 117 g, F: 153 g, Kh: 221 g, kJ: 12396, kcal: 2961

Für den Biskuitteig:
- **4 Eier (Größe M)**
- **2 EL heißes Wasser**
- **1 Prise Salz**
- **75 g flüssiger Honig**
- **100 g feingemahlener Dinkel**
- **½ TL Backpulver**
- **1 EL Kakaopulver**

- **etwas Rohrzucker**

Zum Tränken:
- **6 EL Mandellikör (Amaretto)**
- **½ Tasse starker Mokka-Kaffee**

Für die Füllung:
- **250 g Sahnequark (40 %)**
- **200 g Doppelrahm-Frischkäse**
- **5 Eigelb (Größe M)**
- **1 Pck. Bourbon-Vanille-Zucker**
- **50 g Ahornsirup**
- **2 EL Kakaopulver**

1 Für den Teig Eier und Wasser mit Handrührgerät mit Rührbesen auf höchster Stufe in 1 Minute schaumig schlagen. Salz und Honig in 1 Minute zufügen, dann noch etwa 2 Minuten schlagen.

2 Dinkel, Backpulver und Kakao mischen, die Hälfte davon auf die Eiercreme geben, kurz auf niedrigster Stufe unterrühren, den Rest des Mehl-Kakao-Gemisches auf dieselbe Weise unterrühren.

3 Ein Backblech zur Hälfte mit Backpapier belegen, an der offenen Seite des Blechs das Papier zur Falte knicken, so dass ein Rand entsteht. Den Teig etwa 1 cm dick auf das Backpapier streichen. Das Backblech sofort in den Backofen schieben.

Ober-/Unterhitze:
200–220 °C (vorgeheizt)
Heißluft: –
Gas: Stufe 4–5 (vorgeheizt)
Backzeit: etwa 12 Min.

4 Nach dem Backen die Biskuitplatte auf ein mit Rohrzucker bestreutes Geschirrtuch stürzen, das Backpapier mit kaltem Wasser bestreichen und vorsichtig, aber schnell abziehen. Den Biskuit auskühlen lassen, senkrecht so halbieren, dass 2 Rechtecke entstehen und diese mit einem Gemisch aus Mandellikör und Kaffee tränken.

5 Für die Füllung Sahnequark und Frischkäse mit der Gabel zerdrücken, mit Eigelb, Bourbon-Vanille-Zucker und Ahornsirup mit Handrührgerät mit Rührbesen zunächst auf mittlerer, dann auf höchster Stufe gut miteinander verrühren.

6 Die Hälfte der Masse auf den Boden des Biskuitrechtecks gleichmäßig verstreichen, die andere Hälfte darauf legen, mit der restlichen Quark-Käse-Masse bestreichen. Kakao dick darüber sieben.

7 Die Schnitte im Kühlschrank kalt stellen, dann rechteckige Portionen schneiden, servieren.

Tipp:
Dinkel und Rohrzucker können auch gegen Vollkornweizenmehl und Kandisfarin ausgetauscht werden.

Kirsch-Schokostreusel-Kuchen

Zubereitungszeit: 25 Min.
Backzeit: 25–30 Min.

Insgesamt:
E: 100 g, F: 357 g, Kh: 874 g,
kJ: 30819, kcal: 7360

Für den Belag:
- **2 Gläser Sauerkirschen (à 370 g Abtropfgewicht)**
- **100 g Marzipan-Rohmasse**

Für den Rührteig:
- **250 g weiche Butter oder Margarine**
- **200 g Zucker**
- **4 Eier (Größe M)**
- **300 g Weizenmehl**
- **50 g Speisestärke**
- **3 gestr. TL Backpulver**
- **3 EL Milch**

Für die Streusel:
- **150 g Weizenmehl**
- **100 g Zucker**
- **1 Pck. Vanillin-Zucker**
- **1 geh. TL Kakaopulver**
- **1 Msp. gemahlener Zimt**
- **100 g Butter**

1 Für den Belag Kirschen in ein Sieb geben und gut abtropfen lassen. Marzipan sehr klein schneiden.

2 Für den Teig Butter oder Margarine mit Handrührgerät mit Rührbesen auf höchster Stufe geschmeidig rühren. Zucker unterrühren. So lange rühren, bis eine gebundene Masse entstanden ist.

3 Eier nach und nach unterrühren (jedes Ei etwa 1/2 Minute). Mehl mit Speisestärke und Backpulver mischen, sieben, abwechselnd portionsweise mit der Milch auf mittlerer Stufe unterrühren.

4 Teig auf ein gefettetes Backblech (30 x 40 cm) streichen und die Kirschen darauf verteilen. Marzipan über die Kirschen verteilen.

5 Für die Streusel Mehl in eine Rührschüssel sieben, die anderen Zutaten hinzugeben und mit Handrührgerät mit Rührbesen zu feinen Streuseln verarbeiten, diese gleichmäßig über den Belag verteilen.

Ober-/Unterhitze:
etwa 200 °C (vorgeheizt)
Heißluft: etwa 180 °C (nicht vorgeheizt)
Gas: Stufe 3–4 (nicht vorgeheizt)
Backzeit: 25–30 Minuten.

6 Nach dem Backen den Kuchen auf dem Backblech auf einem Kuchenrost erkalten lassen.

Affen-Butterkuchen

Zubereitungszeit: 15 Min.
Backzeit: etwa 15 Min.

Insgesamt:
E: 91 g, F: 185 g, Kh: 324 g, kJ: 14422, kcal: 3446

Für den Teig:
- **1 Pck. (20 g) Pizza-Fix**
- **250 g Weizenmehl**
- **2 EL Speiseöl**
- **50 g Zucker**

Für den Belag:
- **100 g Erdnusscreme (Peanutbutter „creamy")**
- **50 g Zucker**
- **150 g Erdnusskerne, ungesalzen**
- **100 ml (8 EL) Schlagsahne**

1 Den Teig aus Pizza-Fix, Weizenmehl, Speiseöl und Zucker nach Packungsanleitung zubereiten und auf einem gefetteten Backblech (30 x 40 cm) ausrollen.

2 Für den Belag die Erdnusscreme mit einem Messer in kleinen Flöckchen gleichmäßig auf den Teig setzen und vorsichtig etwas verstreichen. Zucker darüber streuen. Erdnusskerne grob hacken und auf dem Teig verteilen. Sind die Erdnusskerne gesalzen, muss man sie vorher unter fließendem Wasser kurz abspülen und mit Küchenpapier trockentupfen. Backblech in den Backofen schieben.

Ober-/Unterhitze: etwa 200 °C (vorgeheizt)
Heißluft: etwa 180 °C (vorgeheizt)
Gas: Stufe 3–4 (vorgeheizt)
Backzeit: etwa 15 Min.

3 Sofort nach dem Backen die flüssige Sahne mit einem Löffel über den Kuchen verteilen und den Kuchen auf einem Rost erkalten lassen.

Variante:
Wenn Sie Zeit haben, können Sie Hefeteig auch traditionell mit Trockenhefe herstellen. Dazu 375 g Weizenmehl in eine Rührschüssel sieben, mit 1 Päckchen Trockenhefe verrühren, 50 g Zucker, 1 Päckchen Vanillin-Zucker, 1 Prise Salz, 1 Ei (Größe M), 200 ml lauwarme Milch und 50 g zerlassene, abgekühlte Butter hinzufügen. Mit Handrührgerät mit Knethaken zunächst kurz auf niedrigster, dann auf höchster Stufe in etwa 5 Minuten zu einem Teig verarbeiten. Den Teig zugedeckt so lange an einem warmen Ort gehen lassen, bis er sich sichtbar vergrößert hat.
Teig aus der Schüssel nehmen, auf der Arbeitsfläche nochmals kurz durchkneten und wie oben angegeben ausrollen. Nach dem Belegen Teig nochmals 20 Minuten gehen lassen und wie oben angegeben backen.

Blumige Pfirsichschnitten

Zubereitungszeit: 25 Min.
Backzeit: etwa 20 Min.

Insgesamt:
E: 67 g, F: 283 g, Kh: 530 g,
kJ: 21520, kcal: 5144

Für den Rührteig:

- **250 g Butter oder Margarine**
- **200 g Zucker**
- **1 Pck. Vanillin-Zucker**
- **1 Prise Salz**
- **4 Eier (Größe M)**
- **100 g Weizenmehl**
- **100 g Speisestärke**
- **½ gestr. TL Backpulver**
- **75 g abgezogene, gemahlene Mandeln**

Für den Belag:

- **2 Dosen Pfirsiche (à 340 g Abtropfgewicht)**
- **200 g Brombeeren (frisch oder TK)**
- **1 Pck. Tortenguss, klar**
- **15 g gehackte Pistazienkerne**

1 Für den Teig Butter oder Margarine zerlassen, in eine Rührschüssel geben und kalt stellen. In das wieder etwas fest gewordene Fett Zucker, Vanillin-Zucker und Salz geben, mit Handrührgerät mit Rührbesen auf höchster Stufe geschmeidig rühren. Nach und nach die Eier unterrühren (jedes Ei etwa ½ Minute).

2 Mehl, Speisestärke und Backpulver mischen, sieben, portionsweise auf mittlerer Stufe unterrühren. Mandeln unterheben, den Teig auf ein gefettetes Backblech streichen, in den Backofen schieben.

Ober-/Unterhitze:
180–200 °C (vorgeheizt)
Heißluft: 160–180 °C (vorgeheizt)
Gas: Stufe 3–4 (vorgeheizt)
Backzeit: etwa 20 Min.

3 Für den Belag die Pfirsichhälften abtropfen lassen, einschneiden, als Blüten auf dem erkalteten Kuchen verteilen. Brombeeren in den Blüten verteilen.

4 Tortenguss nach Packungsanleitung zubereiten, über die Früchte verteilen, den Kuchen mit Pistazienkernen garnieren und in Schnitten teilen.

Becher-, Tassen- und Schüttelkuchen – was man dazu braucht, findet man in jeder Küche.

Gerührt & geschüttelt

Zitronenomeletts

Zubereitungszeit: 20 Min.
Backzeit: etwa 10 Min. pro Backblech

Insgesamt:
E: 60 g, F: 264 g, Kh: 340 g, kJ: 17224, kcal: 1105

Für den Teig pro Platte (2 x hintereinander zubereiten):

- **100 g Weizenmehl**
- **1 gestr. TL Backpulver**
- **75 g Zucker**
- **100 g zerlassene, abgekühlte Butter**
- **3 Eier (Größe M)**
- **1 Eigelb (Größe M)**

Füllung für 24 Omeletts:

- **500 ml (1/2 l) Schlagsahne**
- **1 Pck. Zitronen-Sahne-Tortencreme**
- **200 ml Wasser**

- **Puderzucker zum Bestäuben**

1 Für den Teig für eine Platte Mehl und Backpulver mischen, mit den anderen Zutaten in einen Schüttelbecher (0,7 l) geben, ihn verschließen und mehrfach gut schütteln, so dass alle Zutaten gut vermischt sind (evtl. nochmals mit einem Schneebesen durchrühren).

2 Den Teig auf einem mit Backpapier belegten Backblech (30 x 40 cm) streichen und in den Backofen schieben.

Ober-/Unterhitze: etwa 200 °C (vorgeheizt)
Heißluft: –
Gas: Stufe 3–4 (vorgeheizt)
Backzeit: etwa 10 Min. pro Backblech

(Fortsetzung Seite 108)

3 Die Platte vorsichtig vom Backblechrand lösen, mit dem Backpapier vom Backblech heben und auf eine mit Backpapier belegte Arbeitsplatte stürzen, etwa 10 Minuten abkühlen lassen.

4 In der Zwischenzeit Zitronen-Sahne-Tortencreme mit Handrührgerät mit Rührbesen nach Packungsanleitung – aber mit 500 ml (1/2 l) Schlagsahne – zubereiten. Die Masse in einen Spritzbeutel mit Lochtülle geben.

5 Das Backpapier vorsichtig vom Omelett abziehen, aus der Platte 12 Omeletts (Ø 7–8 cm) ausstechen. Die Zitronensahne auf eine Seite der Kreise aufspritzen, die andere Seite vorsichtig darüber legen und leicht andrücken.

6 Dann den Teig für die zweite Platte ebenso zubereiten, backen und füllen. Die Omeletts mit Puderzucker bestäuben.

Tipp:

Nach Belieben mit Streifen von Zitronenschalen bestreuen.
Füllen Sie die Omeletts zügig, sie trocknen sonst aus und werden brüchig.
Die Reste der Platten evtl. für Rumkugeln verwenden.
Die Omeletts lassen sich gut einfrieren.

Ratz-Fatz-Waldfrucht-Rolle

Zubereitungszeit: 15 Min.
Backzeit: etwa 10 Min.

Insgesamt:
E: 50 g, F: 135 g, Kh: 222 g, kJ: 10000, kcal: 2388

Für den Teig:
- **100 g Weizenmehl**
- **1 gestr. TL Backpulver**
- **100 g feinster Zucker (oder Puderzucker)**
- **100 ml Speiseöl**
- **5 Eier (Größe M)**

Für die Füllung:
- **etwa 3 geh. EL Waldfruchtkonfitüre**

Zum Bestäuben:
- **gesiebter Puderzucker**

1 Für den Teig Mehl und Backpulver sieben, mit den anderen Zutaten in einen Schüttelbecher (0,7 l) geben und mehrmals gut schütteln (evtl. nochmals mit einem Schneebesen durchrühren).

2 Den Teig auf ein mit Backpapier belegtes Backblech (30 x 40 cm) streichen und in den Backofen schieben.

Ober-/Unterhitze:
etwa 200 °C (vorgeheizt)
Heißluft: etwa 180 °C (vorgeheizt)
Gas: Stufe 3–4 (vorgeheizt)
Backzeit: etwa 10 Min.

3 Die Platte mit dem Backpapier auf eine Arbeitsfläche stürzen, das mitgebackene Backpapier abziehen.

4 Die Waldfruchtkonfitüre gleichmäßig auf der Gebäckplatte verstreichen und von der langen Seite her fest aufrollen. Die Rolle auskühlen lassen und mit Puderzucker bestäuben.

Tipp:

Die Rolle bleibt mehrere Tage frisch und kann auch eingefroren werden.

Eierlikör-Schüttelkuchen

Zubereitungszeit: 20 Min.
Backzeit: etwa 35 Min.

Insgesamt:
E: 62 g, F: 256 g, Kh: 401 g, kJ: 18726, kcal: 4472

Für den Teig:
- **150 g Weizenmehl**
- **3 gestr. TL Backpulver**
- **100 g gesiebter Puderzucker**
- **100 g gemahlene Haselnusskerne**
- **2 Eier (Größe M)**
- **100 ml Speiseöl**
- **125 ml (1/8 l) Eierlikör**
- **25 g fein gewürfeltes Zitronat (Sukkade)**

Zum Aprikotieren:
- **2–3 EL Aprikosenkonfitüre**
- **1 EL Wasser**

Für den Guss:
- **150 g Zartbitterschokolade**
- **2 EL Speiseöl**

Zum Bestreuen:
- **25 g gewürfeltes Zitronat (Sukkade)**

1 Für den Teig Mehl und Backpulver mischen, mit den anderen Zutaten in einen Schüttelbecher (1,2 l) geben und mehrmals kräftig schütteln, so dass alle Zutaten gut vermischt sind (evtl. nochmals mit einem Schneebesen durchrühren).

2 Den Teig in eine Springform (Ø 20 cm, Boden gefettet) geben und auf dem Rost in den Backofen schieben.

Ober-/Unterhitze: etwa 180 °C (vorgeheizt)
Heißluft: etwa 160 °C (nicht vorgeheizt)
Gas: etwa Stufe 3 (nicht vorgeheizt)
Backzeit: etwa 35 Min.

3 Den Kuchen aus der Form lösen und auf einem Kuchenrost erkalten lassen.

4 Zum Aprikotieren die Konfitüre durch ein Sieb streichen, mit Wasser aufkochen und den Kuchen damit bestreichen.

5 Für den Guss die Schokolade in Stücke brechen, mit dem Öl in einem kleinen Topf im Wasserbad bei schwacher Hitze geschmeidig rühren und den Kuchen damit überziehen. Mit Zitronat bestreuen.

Tipp:
Noch schneller geht es, wenn Sie den Kuchen nur mit Puderzucker bestäuben.
Für eine Springform (Ø 26 cm oder Ø 28 cm) das Rezept zweimal zubereiten und erst nach dem Schüttelvorgang die Teigmassen zusammen in die Form geben.

Herrenkuchen "Shaker Maker"

Zubereitungszeit: 15 Min.
Backzeit: etwa 40 Min.

Insgesamt:
E: 52 g, F: 157 g, Kh: 387 g, kJ: 14211, kcal: 3395

Für den Teig:

- **150 g Zartbitter-Kuvertüre**
- **100 g Butter**
- **200 g Weizenmehl**
- **2 gestr. TL Backpulver**
- **150 g Zucker**
- **1 Pck. Vanillin-Zucker**
- **3 Eier (Größe M)**
- **150 ml starker Kaffee**
- **50 ml Whisky oder Rum**
- **50 g Raspelschokolade**

1 Kuvertüre grob zerkleinern, mit der Butter in einem kleinen Topf im Wasserbad bei schwacher Hitze geschmeidig rühren.

2 Mehl mit Backpulver mischen, mit Zucker und Vanillin-Zucker in einen Schüttelbecher (1,2 l) geben. Eier, Kaffee, Whisky oder Rum, Kuvertüremasse und Raspelschokolade hinzufügen.

3 Alles gut schütteln (evtl. nochmals mit einem Schneebesen durchrühren). Den Teig in eine gefettete, gemehlte Kastenform (25 x 11 cm) geben und auf dem Rost in den Backofen schieben.

Ober-/Unterhitze: etwa 180 °C (vorgeheizt)
Heißluft: etwa 160 °C (nicht vorgeheizt)
Gas: etwa Stufe 3 (nicht vorgeheizt)
Backzeit: etwa 40 Min.

4 Den Kuchen auf einen mit Backpapier belegten Kuchenrost stürzen und erkalten lassen.

Tipp:
Nach Belieben den Kuchen mit Rum-Zuckerguss überziehen oder mit Kakaopulver bestäuben.

Beerenstarke Grützetorte

Zubereitungszeit: 15 Min.
Backzeit: 20–25 Min.

Insgesamt:
E: 61 g, F: 86 g, Kh: 300 g, kJ: 9685, kcal: 2313

Für den Teig:

- **150 g Weizenmehl**
- **3 gestr. TL Backpulver**
- **100 g feinster Zucker**
- **1 Pck. Vanillin-Zucker**
- **4 Eier (Größe M)**
- **4 EL Speiseöl**
- **2 EL Essig**

Für den Belag:

- **5 Blatt weiße Gelatine**
- **2 Becher (à 500 g) Rote Grütze**
- **1 Becher (250 g) Vanille-Sauce**

1 Für den Teig Mehl und Backpulver mischen, mit den restlichen Zutaten in einen Schüttelbecher (1,2 l) geben und mehrmals kräftig schütteln, so dass alle Zutaten gut vermischt sind (evtl. mit einem Schneebesen durchrühren).

2 Den Teig in eine gut gefettete, gemehlte Obstbodenform (Ø 26 cm) geben und auf dem Rost (untere Schiene) in den Backofen schieben.

Ober-/Unterhitze:
etwa 180 °C (vorgeheizt)
Heißluft: etwa 160 °C (vorgeheizt)
Gas: etwa Stufe 3 (vorgeheizt)
Backzeit: 20–25 Min.

3 Den Tortenboden sofort nach dem Backen auf einen mit Backpapier belegten Kuchenrost stürzen und erkalten lassen.

4 Für den Belag in der Zwischenzeit die Gelatine nach Packungsanleitung einweichen.

5 Einen Becher Rote Grütze in einem kleinen Topf erwärmen, die eingeweichte, leicht ausgedrückte Gelatine unter Rühren darin auflösen und die Masse unter den zweiten Becher Rote Grütze rühren.

6 Die Rote Grütze gleichmäßig auf den Tortenboden geben und etwa 1 Stunde kalt stellen. Zum Servieren die Vanillesauce mit einem Teelöffel darauf verteilen.

Tipp:
Statt mit Vanille-Sauce kann die Torte auch mit steif geschlagener Sahne verziert werden.

Schneller Coca-Cola Kranz*

Zubereitungszeit: 20 Min.
Backzeit: etwa 35 Min.

Insgesamt:
E: 64 g, F: 178 g, Kh: 655 g, kJ: 19099, kcal: 4561

Für den Teig:

- **200 g Weizenmehl**
- **2 gestr. TL Backpulver**
- **200 g feinster Zucker (oder Puderzucker)**
- **50 g Kakaopulver**
- **100 ml Orangensaft**
- **1 Pck. Orangenfrucht**
- **100 ml Coca-Cola**
- **125 ml ($^1/_8$ l) Speiseöl**
- **1 Pck. Bourbon-Vanille-Zucker**
- **3 Eier (Größe M)**

Für den Guss:

- **250 g gesiebter Puderzucker**
- **25 g Kakaopulver**
- **25 g zerlassene, abgekühlte Butter**
- **4 EL Coca-Cola**

1 Für den Teig Mehl und Backpulver mischen, mit den anderen Zutaten in einen Schüttelbecher (1,2 l) geben und mehrmals kräftig schütteln, so dass alle Zutaten gut vermischt sind (evtl. mit einem Schneebesen nochmals durchrühren).

2 Den Teig in eine gefettete Springform mit Rohrboden (Ø 20 cm) geben und die Form auf dem Rost in den Backofen schieben.

Ober-/Unterhitze:
etwa 180 °C (vorgeheizt)
Heißluft: etwa 160 °C
(nicht vorgeheizt)
Gas: etwa Stufe 3 (nicht vorgeheizt)
Backzeit: etwa 35 Min.

3 Den Kranz aus der Form lösen, auf einen mit Backpapier belegten Kuchenrost stürzen und erkalten lassen.

4 Für den Guss alle Zutaten miteinander verrühren und den Kuchen damit überziehen. (Wenn der Guss herunterläuft, ihn wieder auf dem Kuchen verteilen.)

Tipp:
Für eine Springform mit Rohrboden (Ø 26 cm) die doppelte Menge zubereiten und 55 Minuten bei oben angegebener Ofeneinstellung backen.

* Nicht durch Coca-Cola autorisiert

Ananas-Schoko-Herzen

(für 8 Herzbackförmchen à 200 ml Inhalt)

Zubereitungszeit: 20 Min.
Backzeit: etwa 25 Min.

Insgesamt:
E: 61 g, F: 132 g, Kh: 422 g, kJ: 13553, kcal: 3236

Für den Teig:

- **1 Dose Ananas geraspelt (278 g Abtropfgewicht)**
- **250 g Weizenmehl**
- **3 gestr. TL Backpulver**
- **150 g feinster Zucker**
- **3 Eier (Größe M)**
- **100 ml Speiseöl**
- **200 ml Buttermilch**
- **50 g Schokoraspel**

- **Puderzucker zum Bestäuben**

1 Ananasraspel in ein Sieb geben, gut abtropfen lassen und mit Küchenpapier trockentupfen. Mehl und Backpulver mischen, mit Zucker, Eiern, Öl und Buttermilch in einen Schüttelbecher (1,2 l) geben und mehrmals kräftig schütteln.

2 Teig evtl. nochmals mit einem Schneebesen durchrühren, Ananas- und Schokoraspel hinzufügen und nochmals schütteln.

3 Den Teig in kleine gefettete, gemehlte Herzbackförmchen (à etwa 200 ml Inhalt) geben und auf dem Rost in den Backofen schieben.

Ober-/Unterhitze:
etwa 180 °C (vorgeheizt)
Heißluft: etwa 160 °C (vorgeheizt)
Gas: etwa Stufe 3 (vorgeheizt)
Backzeit: etwa 25 Min.

4 Die Herzen auf einen mit Backpapier belegten Kuchenrost stürzen, erkalten lassen und mit Puderzucker bestäuben.

Tipp:
Dieses Rezept kann auch in einer Rehrückenform gebacken und mit Halbbitter-Kuvertüre überzogen werden.

Haselnuss-Becherkuchen

Zubereitungszeit: 15 Min.
Backzeit (gesamt): 25 Min.

Insgesamt:
E: 106 g, F: 402 g, Kh: 682 g,
kJ: 29235, kcal: 6983

Für den Knetteig:

- **1 Becher (200 ml) Schlagsahne**
- **3 Becher Weizenmehl (à 125 g)**
- **2 gestr. TL Backpulver**
- **1 Becher Zucker (200 g)**
- **1 Pck. Vanillin-Zucker**

Für den Belag:

- **1 Becher Zucker (200 g)**
- **2 Pck. (à 100 g) gehobelte Haselnusskerne**
- **½ Pck. (125 g) Butter**

1 Für den Teig Sahne in eine Schüssel geben, Becher ausspülen und abtrocknen. Mehl mit dem Becher abmessen, mit dem Backpulver mischen und in eine Rührschüssel sieben.

2 Restliche Zutaten hinzugeben und mit Handrührgerät mit Knethaken zunächst kurz auf niedrigster, dann auf höchster Stufe gut durcharbeiten.

3 Anschließend den Teig auf einer leicht bemehlten Arbeitsfläche zu einem glatten Teig verkneten, auf einem gefetteten Backblech (30 x 40 cm) ausrollen und in den Backofen schieben.

Ober-/Unterhitze:
etwa 200 °C (vorgeheizt)
Heißluft: etwa 180 °C (vorgeheizt)
Gas: Stufe 3–4 (vorgeheizt)
Backzeit: etwa 10 Min.

4 Für den Belag Zucker und Haselnusskerne mit dem Becher abmessen, mit der Butter in einen Topf geben und zusammen aufkochen. Die Masse etwas abkühlen lassen, auf den vorgebackenen Boden streichen, nochmals in den Backofen schieben.

Ober-/Unterhitze:
etwa 200 °C (vorgeheizt)
Heißluft: etwa 180 °C (vorgeheizt)
Gas: Stufe 3–4 (vorgeheizt)
Backzeit: 10–15 Min.

Wodka-Lemon-Tassenkuchen

(1 Tasse = etwa 150 ml)

Zubereitungszeit: 15 Min.
Backzeit: etwa 15 Min.

Insgesamt:
E: 74 g, F: 181 g, Kh: 611 g,
kJ: 19558, kcal: 4673

Für den Rührteig:

- **4 Eier (Größe M)**
- **1 Tasse Zucker (150 g)**
- **1 Pck. Vanillin-Zucker**
- **1 Pck. geriebene Zitronenschale**
- **1 Tasse Speiseöl**
- **1 Tasse Bitter Lemon**
- **1 Schnapsglas (2 cl) Wodka**
- **4 Tassen Weizenmehl (à 100 g)**
- **3 gestr. TL Backpulver**

Für den Guss:

- **150 g Puderzucker**
- **1 EL Bitter Lemon**
- **1 EL Wodka**

Zum Garnieren:

- **1 Zitrone (unbehandelt)**

1 Für den Teig Eier, Zucker und Vanillin-Zucker mit Handrührgerät mit Rührbesen auf höchster

(Fortsetzung Seite 12

Stufe schaumig rühren. Nach und nach Zitronenschale, Öl, Bitter Lemon und Wodka unterrühren.

2 Mehl mit Backpulver mischen, sieben, portionsweise unterrühren. Den Teig auf ein gefettetes Backblech (30 x 40 cm) streichen und in den Backofen schieben.

Ober-/Unterhitze:
etwa 200 °C (vorgeheizt)
Heißluft: etwa 180 °C (vorgeheizt)
Gas: Stufe 3–4 (vorgeheizt)
Backzeit: etwa 15 Min.

3 Nach dem Backen den Kuchen auf dem Backblech auf einem Kuchenrost erkalten lassen.

4 Für den Guss Puderzucker, Bitter Lemon und Wodka zu einer dickflüssigen Masse verrühren und den erkalteten Kuchen damit bestreichen.

5 Zitrone in Scheiben schneiden, vierteln und den Kuchen damit garnieren.

Mandelteppich-Becherkuchen

Zubereitungszeit: 15 Min.
Backzeit: etwa 25 Min.

Insgesamt:
E: 97 g, F: 296 g, Kh: 622 g, kJ: 24155, kcal: 5770

Für den Teig:
- **1 Becher (200 ml) Schlagsahne**
- **1 Becher Zucker (200 g)**
- **1 Pck. Vanillin-Zucker**
- **6 Tropfen Bittermandel-Aroma**
- **3 Eier (Größe M)**
- **2 Becher Weizenmehl (à 125 g)**
- **1 Pck. Backpulver**

Für den Belag:
- **½ Pck. (125 g) Butter**
- **1 Becher Zucker (200 g)**
- **1 Pck. Vanillin-Zucker**
- **4 EL Milch**
- **1 Pck. (200 g) abgezogene, gemahlene Mandeln**

1 Für den Teig Sahne in eine Rührschüssel geben, den geleerten Sahnebecher ausspülen, abtrocknen und zum Abmessen verwenden.

2 Zucker abmessen, mit Vanillin-Zucker, Aroma und Eiern zur Sahne geben. Mehl abmessen, mit Backpulver mischen, sieben und hinzufügen. Alles mit Handrührgerät mit Rührbesen zu einem glatten Teig verarbeiten. Teig auf ein gefettetes Backblech (30 x 40 cm) streichen, das Backblech in den Backofen schieben.

Ober-/Unterhitze:
etwa 200 °C (vorgeheizt)
Heißluft: etwa 180 °C (vorgeheizt)
Gas: etwa Stufe 4 (vorgeheizt)
Backzeit: etwa 12 Min.

3 Für den Belag Butter in einen Topf geben, Zucker abmessen, Vanillin-Zucker und Milch zufügen und unter Rühren erwärmen, bis der Zucker gelöst ist. Mandeln zufügen und alles einmal aufkochen lassen. Die Masse auf den vorgebackenen, heißen Kuchen streichen und nochmals backen.

Ober-/Unterhitze:
etwa 200 °C (vorgeheizt)
Heißluft: etwa 180 °C (vorgeheizt)
Gas: etwa Stufe 4 (vorgeheizt)
Backzeit: etwa 12 Min.

Tipp:
Das Bittermandel-Aroma kann auch durch Butter-Vanille- oder Rum-Aroma ersetzt werden.
Anstelle der gemahlenen Mandeln kann man auch gehackte Mandeln, Kokosraspel oder gemahlene Haselnusskerne verwenden.

Hoch-die-Tassen-Kuchen

(1 Tasse = etwa 150 ml)

Zubereitungszeit: 20 Min.
Backzeit: etwa 20 Min.

Insgesamt:
E: 87 g, F: 288 g, Kh: 703 g, kJ: 28383, kcal: 6770

- **2 Tassen Zucker (à 150 g)**
- **2 Pck. Vanillin-Zucker**
- **2 Tassen zerlassene, abgekühlte Butter oder Margarine**
- **4 Eier (Größe M)**
- **4 Tassen Weizenmehl (à 100 g)**
- **3 EL Kakaopulver**
- **2 gestr. TL Backpulver**
- **1 Tasse Rum**

Zum Bestäuben:

- **2 EL Puderzucker**

Für den Guss:

- **1 Pck. (150 g) Kuchenglasur, hell**

1 Für den Teig Zucker, Vanillin-Zucker, Butter oder Margarine mit Handrührgerät mit Rührbesen auf höchster Stufe verrühren.

2 Eier nach und nach unterrühren (jedes Ei etwa 1/2 Minute). Mehl mit Kakaopulver und Backpulver mischen, sieben, portionsweise auf mittlerer Stufe unter den Teig rühren.

3 Zuletzt den Rum dazugeben und kurz unterrühren.

4 Den Teig auf ein gefettetes Backblech (30 x 40 cm) streichen und in den Backofen schieben.

Ober-/Unterhitze:
etwa 200 °C (vorgeheizt)
Heißluft: etwa 180 °C (vorgeheizt)
Gas: Stufe 3–4 (vorgeheizt)
Backzeit: etwa 20 Minuten.

5 Nach dem Backen den Kuchen auf dem Backblech auf einem Kuchenrost erkalten lassen und dann mit Puderzucker bestäuben.

6 Für den Guss die Kuchenglasur im Wasserbad nach Packungsanleitung auflösen und den Kuchen damit besprenkeln.

Tipp:
Ersetzen Sie die Hälfte des Rums durch kalten starken Kaffee. Schneiden Sie Tassenschablonen aus Papier aus, legen Sie sie auf den Kuchen und bestäuben Sie den Kuchen mit Puderzucker.

Kirschjoghurt-Becherkuchen

Zubereitungszeit: 20 Min.
Backzeit: etwa 25 Min.

Insgesamt:
E: 71 g, F: 185 g, Kh: 551 g, kJ: 18561, kcal: 4431

Für den Teig:

- **1 Glas Sauerkirschen (Abtropfgewicht 370 g)**
- **1 Becher (175 g) Kirschjoghurt**
- **1 Becher Speiseöl (150 ml)**
- **1 Becher Zucker (150 g)**
- **1 Pck. Vanillin-Zucker**
- **3 Eier (Größe M)**
- **3 Becher Weizenmehl (à 100 g)**
- **1 Pck. Backpulver**
- **4 EL Rum**

Für den Guss:

- **1 Pck. Tortenguss, klar**
- **1 Pck. Tortenguss, rot**
- **250 ml (1/4 l) Kirschsaft**
- **1 Becher (175 g) Kirschjoghurt**
- **1 EL Zucker**

1 Für den Teig die Kirschen in einem Sieb abtropfen lassen. Saft dabei auffangen.

2 Kirschjoghurt in eine Rührschüssel geben, den Becher ausspülen und abtrocknen. Die restlichen Zutaten mit dem Becher abmessen und hinzufügen, mit Handrührgerät mit Rührbesen verrühren und auf ein gefettetes Backblech (30 x 40 cm) streichen.

3 Kirschen auf dem Teig verteilen und das Backblech in den Backofen schieben.

Ober-/Unterhitze: etwa 200 °C (vorgeheizt)
Heißluft: etwa 180 °C (vorgeheizt)
Gas: Stufe 3–4 (vorgeheizt)
Backzeit: etwa 25 Min.

4 Nach dem Backen den Kuchen auf dem Backblech auf einem Kuchenrost erkalten lassen.

5 Für den Guss das Tortengusspulver nach Packungsanleitung – aber nur mit insgesamt 250 ml (1/4 l) Saft, dem Joghurt (auch mit erhitzen) und dem Zucker – unter Rühren zubereiten und auf dem Kuchen verteilen, fest werden lassen.

Tipp:
Sie können den Guss auch nur mit rotem Tortenguss zubereiten, dann wird er dunkler.
Ohne Guss kann der Kuchen gut eingefroren werden.
Sie können auch Joghurtbecher mit 150 g Inhalt verwenden, nehmen Sie dann leicht gehäufte Becher Zucker und Mehl sowie 2 Esslöffel Speiseöl extra.

Tassen-Walnuss-Schnitten

(1 Tasse = etwa 150 ml)

Zubereitungszeit: 20 Min.
Backzeit: etwa 25 Min.

Insgesamt:
E: 81 g, F: 331 g, Kh: 462 g, kJ: 25107, kcal: 5985

Für den Teig:

- **1 Pck. (250 g) weiche Butter**
- **1 Tasse Zucker (150 g)**
- **2 Pck. Vanillin-Zucker**
- **1 Prise Salz**
- **4 Eier (Größe M)**
- **2 Tassen Weizenmehl (à 100 g)**
- **1 geh. EL Kakaopulver**
- **2 gestr. TL Backpulver**
- **1 gestr. TL gemahlener Zimt**
- **1 Tasse fein gehackte Walnusskerne (80 g)**

Für Glasur und Verzierung:

- **2 Becher (à 150 g) Nussglasur**
- **20 ganze Walnusskerne**

1 Für den Teig die Butter mit Handrührgerät mit Rührbesen auf höchster Stufe geschmeidig rühren. Nach und nach Zucker, Vanillin-Zucker und Salz unterrühren. So lange rühren, bis eine gebundene Masse entstanden ist.

2 Eier nach und nach unterrühren (jedes Ei etwa ½ Minute). Mehl mit Kakaopulver, Backpulver und Zimt mischen, sieben und portionsweise auf mittlerer Stufe unter den Teig rühren. Die gehackten Walnusskerne unterziehen.

3 Den Teig auf ein gefettetes Backblech (30 x 40 cm) streichen und das Backblech in den Backofen schieben.

Ober-/Unterhitze: etwa 180 °C (vorgeheizt)
Heißluft: etwa 160 °C (vorgeheizt)
Gas: etwa Stufe 3 (vorgeheizt)
Backzeit: etwa 25 Min.

4 Nach dem Backen das Backblech auf einem Kuchengitter erkalten lassen.

5 Kuchenglasur auflösen und den Kuchen damit bestreichen. Kuchen in 20 Schnitten einteilen und mit den Walnüssen verzieren.

Tipp:
Rühren Sie 50 ml Cognac unter den Teig.

Klein, aber oho –
Kleinigkeiten für den
großen Appetit.

Die schnellen Kleinen

Konfetti-Muffins

Zubereitungszeit: 15 Min.
Backzeit: etwa 20 Min.

Insgesamt:
E: 64 g, F: 189 g, Kh: 325 g, kJ: 14163, kcal: 3383

Für den Rührteig:

- **125 g Butter oder Margarine**
- **100 g Marzipan-Rohmasse**
- **75 g Zucker**
- **1 Pck. Vanillin-Zucker**
- **1 Prise Salz**
- **4 Eier (Größe M)**
- **125 g Weizenmehl**
- **1 gestr. TL Backpulver**
- **150 g Mini-Schokolinsen (z. B. M&M's Minis)**

1 Für den Teig Butter oder Margarine mit Marzipan-Rohmasse in einer Rührschüssel mit Handrührgerät mit Rührbesen auf höchster Stufe geschmeidig rühren. Nach und nach Zucker, Vanillin-Zucker und Salz unterrühren, so lange rühren, bis eine gebundene Masse entstanden ist.

2 Eier nach und nach unterrühren (jedes Ei etwa ½ Minute). Mehl und Backpulver mischen, sieben, portionsweise kurz auf mittlerer Stufe unterrühren. Zuletzt die Schokolinsen kurz unterziehen.

3 Den Teig auf zwölf gefettete, gemehlte Muffinsförmchen verteilen und auf dem Rost in den Backofen stellen.

Ober-/Unterhitze:
etwa 180 °C (vorgeheizt)
Heißluft: etwa 160 °C (vorgeheizt)
Gas: etwa Stufe 3 (vorgeheizt)
Backzeit: etwa 20 Min.

4 Muffins nach dem Backen 10 Minuten stehen lassen, aus den Förmchen lösen, erkalten lassen.

Blumenomeletts

Zubereitungszeit: 20 Min.
Backzeit: 10–12 Min.

Insgesamt:
E: 49 g, F: 155 g, Kh: 171 g, kJ: 10121, kcal: 2419

Für den Biskuitteig:
- **5 Eiweiß (Größe M)**
- **75 g Zucker**
- **1 Pck. Vanillin-Zucker**
- **5 Eigelb (Größe M)**
- **30 g Weizenmehl Type 550**
- **30 g Speisestärke**
- **1 EL Kakaopulver**

Für die Füllung:
- **400 ml Schlagsahne**
- **½ Pck. Sahnesteif**
- **1 TL Zucker**
- **4 EL Eierlikör**

Zum Bestäuben:
- **etwas Puderzucker**

1 Für den Teig Eiweiß, Zucker und Vanillin-Zucker mit Handrührgerät mit Rührbesen sehr steif schlagen. Eigelb mit Handrührgerät mit Rührbesen hell schaumig rühren. Ein Drittel des Eischnees unter die Eigelbmasse heben.

2 Mehl und Speisestärke mischen und darauf sieben. Mit dem restlichen Eischnee unterheben.

3 Die Hälfte des Teiges mit dem gesiebten Kakaopulver vermengen. Die Teige in zwei Spritzbeutel mit mittelgroßer Sterntülle füllen. Abwechselnd hellen und dunklen Teig zu Blüten auf ein mit Backpapier belegtes Backblech spritzen. Dabei 6 Tuffs um einen Mittelklecks spritzen. Die Blumenomeletts sofort backen.

Ober-/Unterhitze:
200–220 °C (vorgeheizt)
Heißluft: –
Gas: Stufe 3–4 (vorgeheizt)
Backzeit: 10–12 Min.

4 Für die Füllung die Sahne mit Sahnesteif und Zucker steif schlagen. Eierlikör unterrühren. In einen Spritzbeutel mit großer Lochtülle füllen.

5 Das Papier von den abgekühlten Omeletts abziehen und eine Hälfte mit Eierlikörsahne bespritzen. Die anderen Omeletts darauf legen. Kalt stellen.

6 Die Omeletts vor dem Servieren mit Puderzucker bestäuben.

Tipp:
Rühren Sie nach Belieben unter die Hälfte der Eierlikörsahne 1–2 Teelöffel gesiebtes Kakaopulver und spritzen Sie im Wechsel helle und dunkle Tuffs auf die Omeletts.

Mini-Mint-Amerikaner

Zubereitungszeit: 30 Min.
Backzeit: etwa 12 Min. pro Backblech

Insgesamt:
E: 46 g, F: 101 g, Kh: 464 g, kJ: 12856, kcal: 3072

Für den Rührteig:
- **100 g weiche Butter**
- **50 g Zucker**
- **75 g Pfefferminzfondant (weiß/rosa)**
- **2 EL Wasser**
- **2 Eier (Größe M)**
- **1 Pck. Pudding-Pulver Vanille-Geschmack**
- **75 ml Milch**
- **250 g Weizenmehl**
- **3 gestr. TL Backpulver**

Für den Guss:
- **125 g Pfefferminzfondant (weiß/rosa)**
- **etwa 1 EL Wasser**

1 Für den Teig Butter mit Handrührgerät mit Rührbesen auf höchster Stufe geschmeidig rühren, Zucker unterrühren.

2 Pfefferminzfondant fein hacken, mit dem Wasser in einem kleinen Topf erwärmen. So lange rühren, bis alles gelöst ist. Den aufgelösten Fondant unter die Butter rühren, so lange rühren, bis eine gebundene Masse entstanden ist.

3 Eier nach und nach unterrühren (jedes Ei etwa 1/2 Minute).

4 Pudding-Pulver mit Milch hinzufügen. Weizenmehl mit Backpulver mischen, sieben, portionsweise auf mittlerer Stufe unterrühren.

5 Mit 2 Teelöffeln 20 Teighäufchen auf 2 gefettete, mit Backpapier belegte Backbleche setzen, mit einem feuchten Messer etwas nachformen (Foto unten).

Ober-/Unterhitze: etwa 200 °C (vorgeheizt)
Heißluft: etwa 180 °C (vorgeheizt)
Gas: Stufe 3–4 (vorgeheizt)
Backzeit: etwa 12 Min. pro Backblech

6 Nach dem Backen die Amerikaner auf einem Kuchenrost erkalten lassen.

7 Für den Guss Fondant klein hacken, mit dem Wasser in einem Topf erwärmen, bis er flüssig ist. Nicht kochen lassen! Fondant abkühlen lassen, bis er dickflüssig ist, dann die glatte Fläche der Amerikaner mit Hilfe eines Pinsels damit bestreichen.

Tipp:
Die Amerikaner mit Mint-Schokolinsen garnieren.

Sambuca-Kaffee-Törtchen

Zubereitungszeit:
20 Min., ohne Kühlzeit
Backzeit: etwa 15 Min.

Insgesamt:
E: 59 g, F: 158 g, Kh: 366 g,
kJ: 13717, kcal: 3275

Für den All-in-Teig:

- **125 g Weizenmehl**
- **1 geh. TL Kakaopulver**
- **2 gestr. TL Backpulver**
- **125 g Zucker**
- **1 Pck. Vanillin-Zucker**
- **3 Eier (Größe M)**
- **125 g weiche Butter oder Margarine**
- **50 g Mocca-Schokolade**

Für den Belag:

- **2 Schnapsgläser (4 cl) Sambuca**
- **1 geh. EL löslicher Kaffee**
- **2 Pck. Paradiescreme Sahne-Karamell-Geschmack**
- **400 ml Milch**

Zum Garnieren:

- **1 gestr. EL Kakaopulver**
- **12 Schoko-Moccabohnen**

1 Für den Teig Mehl, Kakaopulver und Backpulver mischen und in eine Rührschüssel sieben. Zucker, Vanillin-Zucker, Eier und Butter oder Margarine dazugeben und in 2 Minuten mit dem Handrührgerät mit Rührbesen auf höchster Stufe zu einem glatten Teig verarbeiten. Mocca-Schokolade fein hacken und unterrühren.

2 Den Teig in 12 gefettete Tortelettförmchen (Ø 12 cm) verteilen und glatt streichen. Förmchen auf dem Rost in den Backofen schieben.

Ober-/Unterhitze:
etwa 200 °C (vorgeheizt)
Heißluft: etwa 180 °C (vorgeheizt)
Gas: 3–4 (vorgeheizt)
Backzeit: etwa 15 Min.

3 Törtchen 5 Minuten in den Förmchen stehen lassen, auf einen Kuchenrost stürzen und erkalten lassen.

4 Für den Belag Sambuca leicht erwärmen (nicht kochen lassen), Kaffee darin auflösen. Die Paradiescreme nach Packungsanleitung, aber nur mit 400 ml Milch und der Sambuca-Kaffee-Mischung zubereiten, in einen Spritzbeutel mit Lochtülle füllen und auf die Törtchen spritzen. Fünf flache Tupfen im Kreis und einen Tupfen auf die Mitte spritzen, kalt stellen.

5 Vor dem Servieren mit Kakaopulver bestäuben und mit Moccabohnen garnieren.

Tipp:
Sambuca ist ein italienischer Likör aus Anis und Holunder; er wird oft mit gerösteten Kaffeebohnen serviert. Wenn Sie keinen Sambuca mögen, können Sie ihn auch gegen Kaffeelikör austauschen.
Statt löslichem Kaffee können Sie auch einen Tassenbeutel Cappucinopulver verwenden, das Sie auch unter die fertige Creme rühren können.
Wer es fruchtiger mag, kann die gebackenen Törtchen erst mit Aprikosenkonfitüre oder Orangenmarmelade bestreichen.

Melonentörtchen

Zubereitungszeit: 40 Min.
Backzeit: etwa 15 Min.

Insgesamt:
E: 33 g, F: 258 g, Kh: 229 g, kJ: 14431, kcal: 3451

- **300 g TK-Blätterteig**
- **etwas Zucker**

Für die Füllung:

- **1 kleine Kantalup-Melone**
- **2 gestr. TL gemahlene Gelatine, weiß**
- **2 EL kaltes Wasser**
- **50 g Zartbitterkuvertüre**
- **abgeriebene Schale von 1 Limone (unbehandelt)**
- **4 Stück Würfelzucker oder 4 TL Zucker**
- **2 EL Limonensaft**
- **500 ml (1/2 l) Schlagsahne**
- **1 Pck. Vanillin-Zucker**

1 Die Blätterteigplatten zugedeckt nebeneinander bei Zimmertemperatur auftauen lassen. Die Platten aufeinander legen, knapp 1/2 cm dick ausrollen, 12 runde Platten (Ø etwa 10 cm) ausstechen. Auf gefettete, mit Wasser besprenkelte Backbleche legen, mit Zucker bestreuen, etwa 3 Minuten ruhen lassen. Die Backbleche in den Backofen schieben.

Ober-/Unterhitze:
200–220 °C (vorgeheizt)
Heißluft: 180–200 °C (vorgeheizt)
Gas: Stufe 4–5 (vorgeheizt)
Backzeit: etwa 15 Min.

2 Die Gebäckstücke vom Backblech lösen, erkalten lassen, dann einmal waagerecht durchschneiden.

3 Für die Füllung Melone längs halbieren, Kerne herausschaben, die Hälften schälen, in dünne Spalten schneiden, auf Küchenpapier legen, trockentupfen.

4 Die Gelatine mit Wasser in einem kleinen Topf anrühren, 10 Minuten zum Quellen stehen lassen.

5 Die Kuvertüre in einem kleinen Topf im Wasserbad bei schwacher Hitze geschmeidig rühren. Melonenspalten zur Hälfte damit überziehen, fest werden lassen.

6 Die Schale der Limone mit dem Zucker in die gequollene Gelatine geben und unter Rühren erwärmen, bis alles gelöst ist. Den Limonensaft hinzufügen und verrühren.

7 Die Sahne mit dem Vanillin-Zucker fast steif schlagen, die lauwarme Gelatinelösung unter Schlagen hinzufügen und die Sahne vollkommen steif schlagen.

8 Die Sahnemasse in einen Spritzbeutel mit Lochtülle füllen. Die unteren Gebäckteile mit Melonenspalten belegen, mit Sahnemasse bespritzen, die oberen Gebäckteile darauflegen.

Tipp:
Kantalup-Melonen sind sehr aromatische kleine Melonen mit rauer, gerippter Oberfläche. Sie können auch Netzmelonen verwenden.

Rennschnecken

(20 Stück)

Zubereitungszeit: 25 Min.
Backzeit: 20–25 Min.

Insgesamt:
E: 70 g, F: 149 g, Kh: 638 g, kJ: 18175, kcal: 4340

Für den Quark-Öl-Teig:

- **300 g Weizenmehl**
- **1 Pck. Backpulver**
- **150 g Magerquark**
- **100 ml Milch**
- **100 ml Speiseöl**
- **80 g Zucker**
- **1 Pck. Vanillin-Zucker**
- **1 Fläschchen Butter-Vanille-Aroma**
- **1 Prise Salz**

Für die Füllung:

- **200 g Pflaumenmus**
- **75 g Sultaninen**
- **25 g Korinthen**
- **50 g gehackte Haselnusskerne**

Für den Guss:

- **150 g Puderzucker**
- **2–3 EL Wasser**

Zum Garnieren:

- **abgezogene, gestiftelte Mandeln**

1 Für den Teig Mehl mit Backpulver mischen, in eine Rührschüssel sieben. Die anderen Zutaten hinzufügen und mit Handrührgerät mit Knethaken auf höchster Stufe in etwa 1 Minute zu einem Teig verarbeiten (nicht zu lange, Teig klebt sonst).

2 Anschließend den Teig auf der bemehlten Arbeitsfläche zu einer Rolle formen. Teig zu einem Rechteck (50 x 35 cm) ausrollen.

3 Für die Füllung den Teig mit Pflaumenmus bestreichen und mit den übrigen Zutaten bestreuen.

4 Den Teig von der Längsseite her fest aufrollen und 2 cm breite Rollen abschneiden. Rollen auf gefettete, mit Backpapier belegte Backbleche legen und etwas flachdrücken. Das Ende jeder Rolle wieder 2–3 cm entrollen und zu einem Schneckenkopf formen.

Ober-/Unterhitze:
etwa 180 °C (vorgeheizt)
Heißluft: etwa 160 °C (vorgeheizt)
Gas: etwa Stufe 3 (vorgeheizt)
Backzeit: 20–25 Min.

5 Für den Guss Puderzucker und Wasser verrühren und die noch heißen Schnecken damit bestreichen und mit gestiftelten Mandeln garnieren.

Amerikanische Waffeln

Zubereitungszeit (inkl. Backzeit): 40 Min.

Insgesamt:
E: 72 g, F: 96 g, Kh: 382 g, kJ: 11653, kcal: 2782

Für den Rührteig:
- **325 g Weizenmehl**
- **1 gestr. TL Natron**
- **½ gestr. TL Salz**
- **125 g Zucker**
- **500 ml (½ l) Buttermilch**
- **3 Eigelb (Größe M)**
- **90 g zerlassene, abgekühlte Butter**
- **3 Eiweiß (Größe M)**

1 Mehl in eine Rührschüssel sieben, mit Natron, Salz und Zucker mischen. Nach und nach mit Handrührgerät mit Rührbesen Buttermilch, Eigelb und Butter unterrühren.

2 Das Eiweiß steif schlagen, zuletzt unter den Teig heben. Den Teig in nicht zu großen Portionen in ein gut erhitztes, mit Speiseöl gefettetes Waffeleisen füllen.

3 Die Waffeln goldbraun backen, einzeln auf einem Kuchenrost erkalten lassen.

Tipp:
Servieren Sie die Waffeln mit Ahornsirup und steif geschlagener Sahne.

Haferflocken-Honig-Muffins

Zubereitungszeit: 15 Min.
Backzeit: etwa 25 Min.

Insgesamt:
E: 68 g, F: 131 g, Kh: 432 g, kJ: 13828, kcal: 3303

Für den Teig:
- **250 g Weizenmehl**
- **3 gestr. TL Backpulver**
- **100 g gesiebter Puderzucker**
- **3 EL Honig**
- **2 Eier (Größe M)**
- **100 ml Speiseöl**
- **75 ml Milch**
- **150 g Haferflocken (zart)**

Zum Bestreuen:
- **25 g Haferflocken (zart)**

1 Für den Teig Mehl mit Backpulver mischen, in eine Rührschüssel sieben. Puderzucker, Honig, Eier, Öl und Milch hinzufügen.

2 Mit Handrührgerät mit Rührbesen zu einem glatten Teig verarbeiten. Haferflocken unterheben.

3 Jeweils drei Papierbackförmchen ineinander setzen, zu ⅔ mit Teig füllen, auf ein Backblech setzen oder in 12 gefettete Muffinförmchen füllen, mit Haferflocken bestreuen und auf dem Rost in den Backofen stellen.

Ober-/Unterhitze:
etwa 180 °C (vorgeheizt)
Heißluft: etwa 160 °C (vorgeheizt)
Gas: etwa Stufe 3 (vorgeheizt)
Backzeit: etwa 25 Min.

Tipp:
Die Haferflocken können auch zur Hälfte durch Sesam ersetzt werden.

Rhabarbermuffins

Zubereitungszeit: 35 Min.
Backzeit: etwa 20 Min.

Insgesamt:
E: 60 g, F: 180 g, Kh: 421 g,
kJ: 15590, kcal: 3723

Für den Belag:

- **300 g Rhabarber**
  etwas Wasser

Für den Rührteig:

- **100 g Butter oder Margarine**
- **125 g Zucker**
- **1 Pck. Bourbon-Vanille-Zucker**
- **½ gestr. TL Salz**
- **2 Eier (Größe M)**
- **200 g Weizenmehl**
- **1 gestr. TL Backpulver**
- **50 g Haselnusskrokant**
- **2 EL Orangenlikör**
- **3 EL Milch**

Für die Vanillesauce:

- **1 Pck. Dessertsauce Vanille-Geschmack zum Kochen**
- **30 g Zucker**
- **400 ml Milch**
- **200 ml Schlagsahne**

1 Für den Belag den Rhabarber waschen, evtl. abfädeln und in kleine Stücke schneiden. In etwas Wasser bissfest dünsten, abtropfen und abkühlen lassen.

2 Für den Teig Butter oder Margarine mit Handrührgerät mit Rührbesen auf höchster Stufe geschmeidig rühren. Nach und nach Zucker, Bourbon-Vanille-Zucker und Salz unterrühren. So lange rühren, bis eine gebundene Masse entstanden ist.

3 Eier nach und nach unterrühren (jedes Ei etwa ½ Minute). Mehl und Backpulver mischen, sieben, portionsweise auf mittlerer Stufe unterrühren. Zuletzt Krokant, Orangenlikör und Milch unterrühren.

4 Den Teig in 12 gefettete Muffinsförmchen füllen. Den Rhabarber darauf verteilen und leicht eindrücken. Auf dem Rost in den Backofen stellen.

Ober-/Unterhitze:
etwa 180 °C (vorgeheizt)
Heißluft: etwa 160 °C (vorgeheizt)
Gas: Stufe 3–4 (vorgeheizt)
Backzeit: etwa 20 Min.

5 Die Muffins nach dem Backen 5 Minuten in den Förmchen stehen lassen, dann lösen und auf einem Kuchenrost erkalten lassen.

6 Für die Vanillesauce das Saucenpulver mit Zucker, aber nur mit 400 ml Milch zubereiten und etwas abkühlen lassen. Die Sahne steif schlagen, unterziehen und die Sauce lauwarm zu den Muffins servieren.

Schnelle Sommertörtchen

Zubereitungszeit: 20 Min.

Insgesamt:
E: 11 g, F: 51 g, Kh: 69 g, kJ: 3363, kcal: 803

Für die Böden:

- **125 g Löffelbiskuits**
- **50 g Butter**
- **1 EL Nussnougat**

Für den Belag:

- **250 g Magerquark**
- **2 EL Zitronensaft**
- **40 g Zucker**
- **1 Pck. Vanillin-Zucker**
- **250 g reife Stachelbeeren**
- **frische Minze**

1 Löffelbiskuits in einen Gefrierbeutel geben, diesen verschließen. Mit einer Teigrolle die Löffelbiskuits sehr fein zerdrücken und die Brösel in eine Schüssel geben.

2 Die Butter in einem kleinen Topf erwärmen, zusammen mit Nussnougat zerlassen, zu den Bröseln geben und verkneten. 8–10 kleine Papiertorteletteförmchen damit füllen und die Masse mit einem Löffel gut andrücken, kalt stellen.

3 Für den Belag kurz vor dem Servieren alle Zutaten gut verrühren. Creme auf die Törtchen verteilen, mit den vorbereiteten Stachelbeeren belegen, mit Minzeblättchen verzieren, sofort servieren.

Tipp:
Nehmen Sie statt Stachelbeeren Mandarinenspalten aus der Dose und verwenden Sie dann statt Zitronensaft Mandarinensaft.

Feigentörtchen

Zubereitungszeit: 35 Min.
Backzeit: etwa 10 Min.

Insgesamt:
E: 18 g, F: 121 g, Kh: 158 g, kJ: 7740, kcal: 1850

Für den Teig:

- **100 g Weizenmehl**
- **30 g Zucker**
- **1 Pck. Vanillin-Zucker**
- **70 g Butter oder Margarine**

Für die Füllung:

- **3 reife Feigen**
- **200 ml Schlagsahne**
- **1 Pck. Sahnesteif**
- **20 g gesiebter Puderzucker**

- **Puderzucker zum Bestäuben**

1 Für den Teig Mehl in eine Rührschüssel sieben, Zucker, Vanillin-Zucker und Butter oder Margarine in Stückchen hinzufügen.

2 Mit den Knethaken des Handrührgerätes gut durcharbeiten, anschließend auf der Arbeitsfläche zu einem glatten Teig verkneten, den Teig dünn ausrollen, 4 kleine Quadrate (5 x 5 cm) und 4 große Quadrate (8 x 8 cm) ausschneiden, alle Quadrate so halbieren, dass Dreiecke entstehen, auf ein gefettetes Backblech legen und backen.

(Fortsetzung Seite 148)

Ober-/Unterhitze:
170–200 °C (vorgeheizt)
Heißluft: etwa 160 °C (vorgeheizt)
Gas: etwa Stufe 3 (vorgeheizt)
Backzeit: etwa 10 Min.

3 Gebäck lösen, erkalten lassen. Feigen schälen, das Fruchtfleisch von 2 Feigen in kleine Würfel schneiden, die dritte in Scheiben schneiden.

4 Für die Füllung Sahne mit Sahnesteif und Puderzucker steif schlagen, Feigenwürfel unterrühren, die Masse auf die großen Dreiecke verteilen, mit den kleinen Dreiecken belegen, mit Puderzucker bestäuben, mit Feigenscheiben garnieren.

Rollmuffins

Zubereitungszeit: 25 Min.
Backzeit: etwa 30 Min.

Insgesamt:
E: 74 g, F: 83 g, Kh: 519 g,
kJ: 13718, kcal: 3277

Für den Quark-Öl-Teig:

- **400 g Weizenmehl**
- **1 Pck. Backpulver**
- **200 g Magerquark**
- **6 EL (75 ml) Milch**
- **6 EL (75 ml) Speiseöl**
- **75 g Zucker**
- **1 Pck. Vanillin-Zucker**
- **1 Prise Salz**

Für die Füllung:

- **200 g Pflaumenmus**
- **50 g Rosinen**
- **50 g abgezogene, gemahlene Mandeln**

1 Für den Teig Mehl mit Backpulver mischen, in eine Rührschüssel sieben. Quark, Milch, Öl, Zucker, Vanillin-Zucker und Salz hinzufügen.

2 Die Zutaten mit Handrührgerät mit Knethaken auf höchster Stufe etwa 1 Minute verarbeiten (nicht zu lange, Teig klebt sonst). Anschließend auf der Arbeitsfläche zu einer Rolle formen.

3 Teigrolle zu einem Rechteck (36 x 45 cm) ausrollen, mit Pflaumenmus bestreichen, mit Rosinen bestreuen und von der kurzen Seite her aufrollen.

4 Rolle in 12 Röllchen schneiden und aufrecht in ein gefettetes, mit Mandeln ausgestreutes Muffinsblech stellen.

Ober-/Unterhitze:
etwa 180 °C (vorgeheizt)
Heißluft: etwa 160 °C (vorgeheizt)
Gas: etwa Stufe 3 (vorgeheizt)
Backzeit: etwa 30 Min.

Tipp:
Legen Sie die Rosinen vorher in 50 ml Slibowitz ein.
Statt Pflaumenmus kann auch Birnen- oder Apfelkraut verwendet werden.

Kokos-Bananen-Muffins

Zubereitungszeit: 25 Min.
Backzeit: etwa 30 Min.

Ingesamt:
E: 55 g, F: 200 g, Kh: 421 g, kJ: 15930, kcal: 3806

Für den Rührteig:

- **100 g Kokosraspel**
- **1 Banane (etwa 75 g)**
- **1 EL Zitronensaft**
- **250 g Weizenmehl**
- **2 gestr. TL Backpulver**
- **1 Msp. Natron**
- **100 g Kokossirup**
- **2 Eier (Größe M)**
- **75 ml Speiseöl**
- **1 Becher (150 g) saure Sahne**

Für den Guss:

- **125 g gesiebter Puderzucker**
- **1 EL Zitronensaft**
- **evtl. etwas Wasser**

1 Für den Teig Kokosraspel in einer Pfanne ohne Fett rösten, etwas abkühlen lassen. Banane schälen, in kleine Stücke schneiden, mit Zitronensaft beträufeln.

2 Mehl mit Backpulver und Natron mischen, in eine Rührschüssel sieben. Kokossirup, Eier, Öl und saure Sahne hinzufügen. Kokosraspel (1 Esslöffel für den Guss zurücklassen) und Bananenstücke hinzufügen, mit Handrührgerät mit Knethaken zu einem Teig verarbeiten.

3 Den Teig in 12 gefettete Muffinsförmchen füllen, auf dem Rost in den Backofen stellen.

Ober-/Unterhitze:
etwa 180 °C (vorgeheizt)
Heißluft: etwa 160 °C (nicht vorgeheizt)
Gas: Stufe 3–4 (nicht vorgeheizt)
Backzeit: etwa 30 Min.

4 Die Muffins 5 Minuten stehen lassen, dann aus den Förmchen lösen und erkalten lassen.

5 Für den Guss Puderzucker in eine Schüssel geben, mit Zitronensaft und Wasser zu einer glatten Masse verrühren. Die Muffins damit bestreichen, mit den zurückgelassenen Kokosraspeln bestreuen.

Tipp:
Kokossirup wird aus Kokosmilch, Wasser und Zucker hergestellt. Er kann auch durch Kokosnusscreme (Cream of Coconut) ersetzt werden.
Statt der Banane können Sie auch 75 g Rosinen nehmen, diese aber erst zuletzt unterheben.

Bananenhörnchen

Zubereitungszeit: 20 Min.
Backzeit: 15–20 Min.

Insgesamt:
E: 72 g, F: 99 g, Kh: 466 g, kJ: 13368, kcal: 3195

Für den Quark-Öl-Teig:

- **300 g Weizenmehl**
- **1 Pck. Backpulver**
- **150 g Magerquark**
- **6 EL (75 ml) Milch**
- **6 EL (75 ml) Speiseöl**
- **75 g Zucker**
- **1 Pck. Vanillin-Zucker**
- **1 Prise Salz**

Für die Füllung:

- **4–5 Bananen**
- **Aprikosenkonfitüre**
- **1 Eiweiß**

Zum Bestreichen:

- **1 Eigelb**
- **1 EL Milch**

Zum Bestreuen:

- **abgezogene, gehobelte Mandeln**
- **Hagelzucker**

1 Für den Teig das Mehl mit dem Backpulver mischen, in eine Rührschüssel sieben. Quark, Milch, Speiseöl, Zucker, Vanillin-Zucker und Salz hinzufügen. Die Zutaten mit Handrührgerät mit Knethaken auf höchster Stufe in etwa 1 Minute verarbeiten.

2 Anschließend den Teig auf der Arbeitsfläche zu einer Rolle formen. Den Teig ausrollen, in 10 Quadrate von 12 x 12 cm schneiden.

3 Für die Füllung die Bananen schälen, je nach Größe in 2 bzw. 3 Stücke schneiden. Jedes Teigstück mit Aprikosenkonfitüre bestreichen, jeweils ein Bananenstück darauf legen, ebenfalls mit Aprikosenkonfitüre bestreichen.

4 Die Teigränder mit verschlagenem Eiweiß bestreichen. Jeweils zwei gegenüberliegende Ecken über das Bananenstück legen.

5 Die Teighörnchen auf ein gefettetes, mit Backpapier belegtes Backblech legen. Das Eigelb mit der Milch verrühren. Die Hörnchen damit bestreichen, nach Belieben mit abgezogenen, gehobelten Mandeln und Hagelzucker bestreuen. Das Backblech in den Backofen schieben.

Ober-/Unterhitze:
180–200 °C (vorgeheizt)
Heißluft: 160–180 °C (vorgeheizt)
Gas: Stufe 3–4 (vorgeheizt)
Backzeit: 15–20 Min.

Tipp:
Die Bananenhörnchen warm mit Schlagsahne oder Vanillesauce servieren.
Anstelle der Aprikosenkonfitüre können Sie auch Kiwikonfitüre verwenden.

Ratgeber

Schweineöhrchen aus Blätterteigresten

Wenn Sie aus dem Kapitel „Schnelles aus der Kälte“ noch Blätterteigreste übrig haben, können Sie diese schnell zu Schweineöhrchen verarbeiten.

Dazu Teigreste (etwa 300 g) übereinander legen (nicht verkneten), zu einem Rechteck (55 x 22 cm) ausrollen und mit etwa 25 g zerlassener, abgekühlter Butter bestreichen. Die ausgerollte, mit Butter bestrichene Platte mit 50 g Zucker und 1 Päckchen Vanillin-Zucker bestreuen. Von der Teigplatte 2/3 des linken Teils der langen Seite und 1/3 des rechten Teils so in die Mitte klappen, dass sich die Kanten treffen. Dann den Teig von der längeren Seite zur Hälfte überschlagen und zu einer Platte (30 x 30 cm) ausrollen. Die linke und die rechte Seite so zur Mitte überschlagen, dass in der Mitte 2 cm Teig frei bleiben. Die linke Kante auf die rechte Kante überschlagen und den Teig so lange kalt stellen, bis er schnittfest geworden ist. Knapp 1 cm dicke Scheiben davon abschneiden, auf ein gefettetes, mit Wasser besprenkeltes Backblech legen und bei 200–220 °C (Ober-/Unterhitze, vorgeheizt) oder Stufe 3–4 (Gas, vorgeheizt) etwa 10 Minuten backen. Nach dem Backen die Schweineöhrchen vom Backblech lösen und noch heiß mit etwas Zucker bestreuen.

Haben Sie weniger Blätterteigreste, so können Sie das Rezept halbieren, dann die Reste zu Beginn zu einem Quadrat (22 x 22 cm) ausrollen.

Rumkugeln

Wenn Sie aus einem Rezept (z. B. Zitronenomeletts) noch Biskuitreste übrig haben, können Sie daraus Rumkugeln zubereiten. Dazu 150 g Biskuit zerkrümeln und in eine Rührschüssel geben. 50 g zerlassenes Kokosfett, 3 Esslöffel Rum, 3 Esslöffel Wasser, 1 gehäuften Esslöffel Puderzucker und 1 gestrichenen Esslöffel Kakaopulver mit den Biskuitkrümeln verrühren. Die Masse kalt stellen. Aus der erkalteten Masse Kugeln formen, sie dann in 50 g Schokostreuseln wälzen und wieder kalt stellen.

Zebra-Rollen (S. 38) ohne Backmischung zubereiten

Statt die Backmischung zu nehmen, können Sie die Zutaten für die Biskuitplatten auch selbst zusammenstellen. Für 1 Platte 3 Eier (Größe M), 1 Eigelb (Größe M) und 3 Esslöffel heißes Wasser oder heißen Orangensaft mit Handrührgerät mit Rührbesen auf höchster Stufe in 1 Minute schaumig schlagen. 150 g Zucker und 1 Päckchen Vanillin-Zucker mischen, in 1 Minute einstreuen, dann noch etwa 2 Minuten schlagen. 100 g Weizenmehl mit 50 g Speisestärke, 15 g Kakaopulver, 1 Messerspitze Zimt und 1 gestrichenen Teelöffel Backpulver mischen, die Hälfte davon auf die Eiercreme sieben, kurz auf niedrigster Stufe unterrühren, den Rest des Mehlgemisches auf die gleiche Art unterarbeiten. Den Teig auf ein mit Backpapier belegtes Backblech (30 x 40 cm) streichen. Das Backpapier vor dem Teig zu einer Falte knicken und sofort bei 200–220 °C (Ober-/Unterhitze, vorgeheizt) oder etwa Stufe 4 (Gas, vorgeheizt) 10–15 Minuten backen und wie im Rezept angegeben weiterverarbeiten. Die zweite Biskuitplatte ebenso zubereiten und backen.

Avovado-Quark-Schnitten (S. 40) ohne Backmischung zubereiten

Sie können auch selbst eine Biskuitplatte herstellen. Dazu 4 Eier (Größe M) und 3 Esslöffel heißes Wasser mit Handrührgerät mit Rührbesen auf höchster Stufe in 1 Minute schaumig schlagen. 150 g Zucker und 1 Päckchen Vanillin-Zucker mischen, in 1 Minute einstreuen, dann noch etwa 2 Minuten schlagen. 100 g Mehl mit 100 g Speise stärke und 2 gestrichenen Teelöffeln Backpulver mischen, die Hälfte davon auf die Eiercreme sieben, kurz auf niedrigster Stufe unterrühren, den Rest des Mehlgemisches auf dieselbe Art unterarbeiten. Den Teig auf ein Backblech (30 x 40 cm, gefettet, mit Backpapier belegt) streichen, an der offenen Seite des Blechs das Papier unmittelbar vor dem Teig zur Falte knicken, so dass ein Rand entsteht, sofort bei 180–200 °C (Ober /Unterhitze, vorgeheizt) oder Stufe 3–4 (Gas, vorgeheizt) 20–30 Minuten backen und wie im Rezept angegeben weiterverarbeiten.

Brüchige Biskuitplatten

Wenn die Biskuitrolle bricht, ist die Rolle meist zu stark ausgebacken. Wird das Blech mit dem Teig in den auf starke Hitze vorgeheizten Ofen geschoben, so reicht eine Backzeit von etwa 10 Minuten aus, um ein gares Gebäck zu erhalten. Bleibt der Biskuit länger als nötig im Ofen, so trocknet er zu sehr aus und bricht beim Aufrollen. Backen Sie außerdem Biskuitplatten nie bei Heißluft, da dies das Gebäck ebenfalls zu stark austrocknet.

Zu weicher Quark-Öl-Teig

Wenn Quark-Ölteig zu weich ausfällt, ist zu feuchter Quark schuld. Der im Handel angebotene Quark ist unterschiedlich feucht. Lassen Sie den Quark eine Zeit lang abtropfen, damit er möglichst trocken wird.

Gelatine auflösen

Gelatineblätter werden 5–10 Minuten in kaltem Wasser eingeweicht, gemahlene Gelatine wird mit der auf der Packung angegebenen Menge kaltem Wasser zum Quellen verrührt und 5–10 Minuten stehen gelassen. Blattgelatine wird nach dem Quellen aus dem Wasser genommen, leicht ausgedrückt und wie die gequollene, gemahlene Gelatine in einem Topf unter Rühren aufgelöst. Dabei darf die Gelatine nicht so stark erhitzt werden, dass sie zu kochen beginnt.

Setzt sich die Gelatinelösung bei der Zugabe in Klümpchen oder Strängen ab, ist die Masse, in die sie gegeben wird, zu kalt. Durch Temperaturausgleich lässt sich Gelatine einwandfrei verarbeiten. Zunächst 2–3 Esslöffel von der zu steifenden Masse mit der aufgelösten Gelatine verrühren. Diese dann unter die restliche Masse rühren.

Kuchen bröckelt beim Schneiden

Beim Schneiden das Messer nicht herunterdrücken, sondern sägend bewegen, dann wird die Schnittfläche glatt. Empfehlenswert sind Sägemesser und elektrische Küchenmesser.

Kuvertüre/Schokolade schmelzen

Kuvertüre/Schokolade grob zerkleinern und in einem Topf im Wasserbad bei schwacher Hitze geschmeidig rühren, einige Zeit abkühlen lassen und nochmals vorsichtig kurz erwärmen, so erhält die Schokolade nach dem Überziehen des Gebäcks einen schönen Glanz. Wird die Kuvertüre/Schokolade zu heiß gemacht, sieht sie stumpf und glanzlos aus.

Schneller geht es, wenn Sie nur 2/3 der Kuvertüre/Schokolade zum Schmelzen bringen, 1/3 sehr fein hacken oder raspeln und in der Abkühlphase unter die geschmolzene Kuvertüre/Schokolade rühren. Dann nochmals kurz erwärmen.

Zuckerguss

Mischen Sie unter den Puderzuckerguss eine Prise Backpulver, dann bleibt er länger streichfähig. Wenn die Flüssigkeit zum Anrühren des Gusses heiß ist, bleibt der Guss besser haften.

Kapitelregister

Schnelles aus der Kälte

Ruck-Zuck mit Backmischungen

Coole Torten

Rasante Bleche & flotte Torten

Kapitelregister

Gerührt & geschüttelt

Die schnellen Kleinen

Alphabetisches Register

Alphabetisches Register

In der Reihe Modetorten sind bisher außerdem erschienen: *Modetorten, Noch mehr Modetorten, Modetorten ohne zu backen* und *Modekuchen vom Blech.*
Sie erhalten diese Bücher in jeder guten Buchhandlung.

Umwelthinweis

Dieses Buch und der Einband wurden auf chlorfrei gebleichtem Papier gedruckt. Die Einschrumpffolie – zum Schutz vor Verschmutzung – ist aus umweltfreundlichem und recyclingfähigem PE-Material.

Bitte beachten Sie bei den Herden die Gebrauchsanleitung des Herstellers.

Wenn Sie Anregungen, Vorschläge oder Fragen zu unseren Büchern haben, rufen Sie uns unter folgender Nummer an (0521) 1552580 oder 520651 oder schreiben Sie uns:
Dr. Oetker Verlag KG, Am Bach 11, 33602 Bielefeld.

Bei den in diesem Buch verwendeten Rezeptnamen handelt es sich zum Teil um eingetragene Marken.

Wir danken für die freundliche Unterstützung

Coca-Cola GmbH, Essen
Robert Friedel GmbH, Kernen
Kraft Jakobs Suchard, Bremen
Mars GmbH, Viersen
Alfred Ritter GmbH &Co. KG, Waldenbuch
Alfred Vest & Co. GmbH, Hamburg

Redaktion

Sabine Puppe

Titelfoto

Thomas Diercks, Hamburg

Innenfotos

Thomas Diercks, Hamburg
Kramp & Gölling, Hamburg
Brigitte Wegner, Bielefeld
Christiane Pries, Borgholzhausen

Rezeptentwicklung und -beratung

Sabine Lange, Oetzen

Grafisches Konzept

Björn Carstensen, Hamburg

Gestaltung

M·D·H Haselhorst, Bielefeld

Titelgestaltung

Kontur-Design, Bielefeld

Reproduktionen

MOHN Media Mohndruck GmbH, Gütersloh

Satz

adrupa, Paderborn

Druck und Bindung

MOHN Media Mohndruck GmbH, Gütersloh

ISBN 3-7670-0442-9